Kinderspiele

aus der guten alten Zeit

EDITION XXL

Vorwort

Es war die Zeit, in der das Wort Computer noch nicht erfunden war, geschweige denn X-Box und Playstation. Nicht einmal Fernsehen gab es, unvorstellbar für die Kids von heute.
Und wieso hatten Kinder damals nicht nur lauter Langeweile? Weil sie einen reichhaltigen Schatz an Spielen zur Verfügung hatten, seit Generationen überliefert, verfeinert, ergänzt, jederzeit spielbar – und das zumeist völlig ohne Materialien.

Diesen Schatz zu heben ist eine lohnende Aufgabe. Es handelt sich schließlich nicht nur um das spielerische Erbe unserer Ahnen, in dieser Sammlung spiegelt sich auch unsere Vergangenheit, unsere Kultur wider. So wie hier beschrieben spielten Oma und Opa, so können sich auch die Enkel mit viel Spaß die freie Zeit „vertreiben".

Mit Abzählreimen begann und beginnt fast jedes Spiel, ob es nun um einen Ball geht, um Fangen oder Hüpfen, Laufen, Kraft-, Kreis- oder Geländespiele. Blind spielen hat seinen besonderen Reiz, genauso wie Such- oder Neckspiele. Mal geht es um körperliche Geschicklichkeit, mal um geistige, mal um Glück beim Knobeln und ein anderes Mal um Humor bei den Neckspielen. Gespielt wurde mit Reifen, mit Steinen, im und am Wasser. Und natürlich zu Hause, wo es um Raten, Schreib- und Sprechspiele ging.

All das macht heute so viel Spaß wie früher. Erleben Sie es – zusammen mit Ihren Kindern.

Hajo Bücken

Inhalt

Ene mene Muh,
Müllers Kuh,
Müllers Esel,
das bist du!

1, 2, 3, 4, 5, 6, 7,
eine alte Frau kocht Rüben,
eine alte Frau kocht Speck,
und du bist weg!

Ene mene miste,
es rappelt in der Kiste.
Ene mene meck,
und du bist weg!

Eins, zwei, drei,
und du bist frei.
Gib dich drein:
Du musst's sein!

In dem Haus am Weg
wohnt der Schneider Breg.
Guckt zu seinem Fenster raus.
1, 2, 3, und du bist aus!

Piff, paff, Schuss,
wer nicht will, der muss!

Ene, mene, Rätsel,
wer backt Brezel?
Wer backt Kuchen?
Du musst suchen!

1, 2, 3, 4, 5,
mach dich auf die Strümpf'.
Mach dich auf die Schuh':
Raus bist du!

Eins, zwei, drei,
Butter in den Brei,
Salz auf den Speck,
und du bist weg!

Abwerfen

Mitspieler: 10 +

Ihr braucht dazu

- *einen Ball*
- *Armbinden*
- *eine Wiese*

Die Kinder bilden zwei gleich große Gruppen; die eine ist durch Armbinden von der anderen zu unterscheiden.
Die Gruppe mit dem jüngsten Kind beginnt und versucht die Kinder der anderen Gruppe abzuwerfen. Dabei darf mit dem Ball nicht gelaufen werden, er muss im Stehen geworfen oder einem anderen Kind der eigenen Gruppe zugespielt werden.
Wer getroffen wird, scheidet aus. Geht ein Wurf daneben, bekommt die andere Gruppe das Wurfrecht.
Das Spiel ist aus, wenn alle Kinder einer Gruppe ausgeschieden sind.

Ballonball

Mitspieler: 4 +

Ihr braucht dazu

- *zwei Luftballons*
- *Stühle*
- *eine Wiese oder einen leeren Raum*

Dieses Spiel kann man im Freien oder aber auch gut im Zimmer spielen.
Zwei Kindergruppen sitzen sich auf Stühlen (oder im Freien auf der Erde) in zwei Reihen im Abstand von etwa drei Schritten gegenüber. Jede Gruppe bekommt einen aufgeblasenen Luftballon. Ziel ist es, den Ballon auf den Boden hinter der Stuhl- oder

Sitzreihe der Gegner zu bewegen, und zwar über deren Köpfe hinweg. Gelingt das, gilt es als Treffer. Die Gegner dürfen das mit Händen und Füßen zu verhindern versuchen, dabei aber nicht aufstehen. Zum Wurf oder Schlag muss immer der eigene Ballon benutzt werden. Das Werfen des eigenen Luftballons und das Abwehren des gegnerischen geschieht gleichzeitig, beide Mannschaften sind also ständig in Aktion. Gelingt ein Treffer, holt sich einer aus der Mannschaft den Luftballon zurück. Sieger ist, wer zuerst zehn Treffer erzielt hat.

Burgball

Mitspieler: 3 +

Ihr braucht dazu

- *drei Stäbe*
- *einen Ball*
- *eine Wiese*

Alle Kinder bilden Schulter an Schulter einen großen Kreis, der im Durchmesser etwa zehn bis zwölf Schritte misst. In der Mitte wird aus drei Stäben oder Ästen eine Pyramide aufgebaut. Man kann natürlich auch etwas anderes nehmen, das aber auf alle Fälle die Eigenschaft haben muss, von einem gezielten Ball umgeworfen werden zu können.

Ein Spieler stellt sich neben die Pyramide und verteidigt sie. Die anderen werfen. Wer die Stäbe so trifft, dass sie zusammenstürzen, darf den Spieler an der Pyramide ablösen. Die Spieler dürfen den Schulterkreis nicht verlassen, um näher an die Pyramide heranzukommen. Wenn sie den Ball aufgehoben haben, müssen sie immer vom Kreis aus werfen.

Donnerknall

Mitspieler: 4 +

Ihr braucht dazu

- *einen Ball*
- *eine Wiese*

Die Kinder sind in einer Linie aufgestellt. Ein Kind wird ausgelost und steht mit dem Rücken zu den Mitspielern.

Es bekommt den Ball und wirft ihn rückwärts über den Kopf den anderen Kindern zu, ohne sich umzudrehen. Dabei ruft es: „Donnerknall, wer hat den Ball?“
Ein anderes Kind fängt den Ball. Alle verstecken ihre Hände hinter dem Rücken. Der Werfer darf sich erst umdrehen, wenn die anderen rufen: „Keiner petzt, wer hat ihn jetzt?“
Der Werfer muss raten, wer den Ball versteckt hält. Rät er ihn, wird dieses Kind der neue Werfer.

Einbrecher

Mitspieler: 4 +

Ihr braucht dazu

- *einen Ball*
- *einen Sandplatz*

Ein Kind ist der Einbrecher, die anderen die Wächter. Jeder Wächter zieht um sich einen Kreis im Sand, im Durchmesser etwa drei Schritte groß.

Die Wächter sitzen im Sand und bewachen ihren Kreis. Der Einbrecher muss nun versuchen, den Ball in einen der bewachten Kreise zu spielen; der Ball soll den Boden innerhalb des Kreises berühren. Der Einbrecher darf dabei den Ball nur mit dem Fuß spielen. Die Wächter dürfen Hände und Füße zur Hilfe nehmen, müssen aber sitzen bleiben und dürfen sich nur so bewegen, dass der Po immer auf dem Boden bleibt.

Eismann

Mitspieler: 5 +

Ihr braucht dazu
- *einen Ball*
- *eine Wiese*
- *Zweige oder Kordeln*

Die Kinder verteilen sich im mit Zweigen oder Kordeln abgeteilten runden Spielfeld, das im Durchmesser etwa zehn bis zwölf Schritte misst.
Ein Kind ist der „Eismann"; er bekommt den Ball und versucht von außerhalb des Spielfeldes einen Spieler abzuwerfen. Klar, dass alle anderen Spieler innerhalb der Grenzen des Spielfeldes vor ihm weglaufen.
Trifft er nicht, bekommt er den Ball wieder und muss es erneut versuchen.
Sobald er einen Spieler trifft, wird dieser ebenfalls zum Eismann. Dieser Eismann muss dort stehen bleiben, wo er getroffen wurde. Sobald der Eismann „Erstarrt!" ruft, muss jeder erstarren, wo er ist, und darf sich nicht mehr bewegen. Trifft der Eismann jetzt kein Kind, dürfen sich alle wieder bewegen.

Festungsball

Mitspieler: 9 +

Ihr braucht dazu

- *zwei Bälle*
- *eine Wiese*
- *Markierungen*

Das Spielfeld ist durch Markierungen (z. B. Zweige, Sand ...) in drei gleich große, nebeneinander liegende Felder mit einer Seitenlänge von etwa fünf Schritten aufgeteilt. Jedes dieser drei Felder ist von einer gleich starken Gruppe besetzt, also etwa jeweils drei Kindern. Die beiden Wurfgruppen auf den äußeren Feldern haben je einen Ball.

Das Mittelfeld ist die Festung, die nun von beiden Seiten her beschossen wird. Jeder im Mittelfeld Getroffene geht zu der Gruppe über, von welcher er getroffen wurde. Gesiegt hat die Gruppe, die am Schluss die stärkste ist, also auch die meisten Treffer erzielt hat.

Fliegender Ball

Mitspieler: 6 +

Ihr braucht dazu

- *zwei oder mehr Bälle*
- *eine Wiese*

Zwei oder mehr Gruppen spielen mit jeweils einem Ball. Jede Gruppe versucht ihren Ball so lange wie möglich ohne Hände in der Luft zu halten. Berührt er den Boden, gibt es einen Punkt. Die Gruppe verliert, die zuerst 7 Punkte hat – und gewonnen hat dann die Gruppe mit den wenigsten Punkten.

Fingerball

Ein Spielfeld in der Größe von 10 Schritten im Quadrat wird durch einen Strich oder Zweige in zwei Hälften geteilt. In jeder Hälfte stehen drei Kinder. Die eine Gruppe bekommt den Ball und versucht ihn nur mit den Fingern von einem Feld ins andere zu stoßen. Der Ball darf dabei nie festgehalten werden; immer nur kurz wieder wegstupsen! Innerhalb einer Gruppe darf der Ball so oft weitergestoßen werden, wie man möchte.
Berührt der Ball in einem Feld den Boden, bekommt die andere Mannschaft einen Punkt und den Ball zurück.
Gewonnen hat die Gruppe, die als Erste 10 Punkte erreicht hat.

Mitspieler: 6

Ihr braucht dazu

- *einen Ball*
- *eine Wiese*
- *Markierungen*

Hasenball

Mitspieler: 6 +

Ihr braucht dazu

- *einen Ball*
- *eine Wiese*

Ein Kind ist der Jäger, alle anderen sind die Hasen.

Der Jäger darf mit dem Ball laufen und wirft einen Hasen ab. Der getroffene Hase wird auch Jäger. Sobald es aber zwei Jäger gibt, darf der Ball nicht mehr im Laufen getragen, sondern muss dem anderen Jäger zugespielt werden. Das Spiel ist aus, wenn alle getroffen sind. Der letzte Hase wird Jäger im neuen Spiel.

Hetzball

Mitspieler: 10 +

Ihr braucht dazu

- *einen Ball*
- *eine Wiese*
- *Markierungen*

Ein großer Kreis mit einem Durchmesser von etwa zehn Schritten wird durch Zweige markiert.

Die Kinder zählen ab: Die Einser sind die Jäger und bleiben rund um den Kreis stehen. Alle Zweier sind die Hasen und müssen in die Kreismitte. Die Jäger versuchen die Hasen abzuwerfen, und zwar durch geschicktes Zuspielen des Balles! Sie dürfen ihre Plätze nicht verlassen. Der letzte „überlebende“ Hase ist Sieger.

Klatschball

In der Mitte der Kindergruppe steht der Ballwerfer.
Er wirft den Ball irgendeinem anderen Kind zu. Dieses muss in die Hände klatschen, bevor es den Ball auffängt und dem Werfer zurückwirft.
Vergisst es das oder lässt es den Ball fallen, scheidet das Kind aus und muss sich setzen.
Ausscheiden muss auch, wer voreilig in die Hände klatscht, weil er meint, er bekommt den Ball, während ihn der Werfer nur gefoppt hat.
Der Sieger (das letzte Kind, das außer dem Werfer noch steht) wird dann zum Werfer im nächsten Spiel.

Mitspieler: 6 +

Ihr braucht dazu

- *einen Ball*
- *eine Wiese*

Knüppelball

Mitspieler: 4 +

Ihr braucht dazu

- *einen Ball*
- *einen Sandplatz*
- *Stöcke mit Astgabeln*

Ein größeres im Sand gegrabenes Loch ist der Kessel, in dem der Ball liegt. Rund um den Kessel, im Abstand von zwei bis drei Schritten, sind mit dem Absatz Löcher in den Boden gebohrt, eines weniger, als es Mitspieler gibt. Jeder ist mit einem etwa einen Meter langen Holzstock ausgerüstet, an dessen einem Ende eine Astgabel ist. Der Ball liegt im Kessel, und alle Kinder halten ihren Stock ebenfalls im Kessel. Dabei laufen sie im Kreis herum und rufen: „Knüppel einmal, Knüppel zweimal, Knüppel dreimal!"

Mit dem letzten Wort reißt jeder seinen Stock aus dem Kessel, wobei auch der Ball herausrollt. Jetzt versucht jeder so schnell wie möglich seinen Knüppel in eines der kleinen Löcher zu stecken. Da ein Loch zu wenig da ist, bleibt ein Kind übrig. Es muss mit seinem Stock den Ball wieder in den Kessel treiben, wird aber dabei behindert, weil die anderen Kinder versuchen, mit ihren Stöcken den Ball weiter wegzuschlagen.

Gelingt es dem Balltreiber dabei aber, mit seinem Stock ein frei gewordenes Loch zu besetzen, muss der weiter treiben, der jetzt kein Loch für seinen Stock gefunden hat.
Wenn der Ball endlich im Kessel landet, ist das Spiel zu Ende.

Kreisball

Alle Kinder sitzen im Kreis auf der Erde und haben die Knie angezogen. In diesem runden Kreistunnel rollen sie den Ball herum. Ein Kind steht in der Mitte und versucht den Ball zu erwischen, wobei schon das Berühren des Balles reicht. Da, wo es den Ball berührt, setzt es sich hin.

Das Kind, das nicht gut genug aufgepasst hat, stellt sich nun in die Mitte.

Mitspieler: 5 +

Ihr braucht dazu

- *einen Ball*
- *eine Wiese*

Kreiseln

Mitspieler: 8 +

Ihr braucht dazu

- *einen Ball*
- *eine Wiese*

Ein Kind steht in der Mitte, die anderen stehen um es herum. Sie werfen oder rollen den Ball im Kreis weiter oder geben ihn einfach ihrem direkten Nachbarn. Schafft es der Spieler in der Mitte, jemanden abzuschlagen, solange dieser den Ball in der Hand hält, tauscht er mit ihm die Plätze. Die Spieler dürfen nicht davonlaufen oder ausweichen, sondern nur den Ball weitergeben oder einem anderen zuwerfen.

Kann der Spieler in der Mitte den Ball fangen, tauscht er mit dem Kind den Platz, das den Ball zuletzt berührt hat.

Namenball

Mitspieler: 4 +

Ihr braucht dazu

- *einen Ball*
- *ein Stück Kreide*
- *eine Mauer*

Jedes Kind denkt sich einen Namen aus, zum Beispiel „Mickymaus“. Alle Anfangsbuchstaben dieser Namen werden mit Kreide an eine Mauer geschrieben.
Diese ist das „Mal“, an dem sich die Kinder aufstellen.
Ein Kind wird zum ersten Ballwerfer bestimmt und wirft den Ball gegen die Wand. Während der Ball weit zurückspringt, laufen die anderen Kinder vom Mal weg. Der Ballwerfer muss den Fantasienamen eines Mitspielers rufen. Dieser versucht den Ball so schnell wie möglich zu erreichen. Hat der Gerufene den Ball erwischt, ruft er schnell „Stopp!“ und alle Kinder müssen sofort stehen bleiben.

Der Fänger versucht ein Kind abzuwerfen. Gelingt es ihm, bekommt das getroffene Kind einen Strich hinter seinen Fantasienamen – wenn nicht, bekommt der Fänger selbst den Strich.
Wer zuerst drei Striche hinter seinem Namen hat, verliert das Spiel.

Neckball

Mitspieler: 3

Ihr braucht dazu
- *einen Ball*
- *eine Wiese*

Zwei Kinder stehen sich in einem Abstand von etwa 10 bis 15 m gegenüber und werfen sich gegenseitig den Ball zu. Das Kind in der Mitte muss ihn fangen. Wenn es ihm gelingt, den Ball zu erwischen, muss der zuletzt Werfende als Fänger in die Mitte.

Pärchen

Mitspieler: 4 +

Ihr braucht dazu

- *zwei oder mehr Bälle*
- *eine Wiese*
- *Bänder*

Die Kinder finden sich zu Paaren zusammen. Jeweils zwei von ihnen sollen gemeinsam eine Strecke etwa zwischen zwei Bäumen oder Zäunen zurücklegen und dabei ihren Ball vor sich her in ein Ziel treiben.
Der Haken dabei ist: Ihre Füße sind mit einem breiten Band an den Knöcheln aneinander gebunden.
Ob die Paare schnell eine geeignete Technik herausfinden, sich geschickt vorwärts zu bewegen und gleichzeitig den Ball zu schießen?
Die zwei, die diese Aufgabe am besten lösen, werden als Erste am Ziel und damit die Sieger sein.

Prellball

Mitspieler: 2 +

Ihr braucht dazu

- *einen Ball*
- *eine Mauer*

Ein Kind wirft den Ball gegen eine Mauer. Dabei versucht es in die Hände zu klatschen, während der Ball fliegt.

Beim ersten Wurf klatscht es einmal, beim zweiten Wurf zweimal und so weiter. Klatscht es irgendwann das zweite Mal nacheinander so oft wie vorher, ist das nächste Kind an der Reihe und versucht das Ergebnis zu überbieten. Die Versuche beginnen immer mit einmaligem Klatschen und können dann gesteigert werden. Wem das auf die Dauer zu langweilig wird, der kann versuchen, sich bei jedem Durchgang einmal um sich selbst zu drehen.

Rangball

Mitspieler: 7 +

Ihr braucht dazu
- *einen Ball*
- *eine Wiese*

Zu Beginn des Spieles wird bestimmt, welches Kind welchen Rang erhält. Das jüngste Kind ist der Kaiser, das zweitjüngste der König, danach folgen Herzog, Edelmann, Bürger, Bauer, Bettelmann ...

Die Kinder stellen sich in eine Reihe nebeneinander, und zwar nach ihrem Rang geordnet. Der Kaiser wirft den Ball hoch. „Herzog!" ruft er. Jetzt muss der Herzog den Ball auffangen, wirft ihn gleich wieder hoch und schreit: „König!" Der aber hat geträumt, der Ball rollt dahin, und der König muss ihm nachspringen. Jetzt haben die anderen Kinder die Chance, einen höheren Rang zu bekommen. Der Herzog wechselt schnell auf den Platz des Königs neben ihm. Auch die anderen Kinder dürfen die Plätze wechseln und versuchen einen höheren Rang zu bekommen. Drängeln ist dabei erlaubt, raufen nicht. Wenn der König mit seinem Ball zurückkommt, ist nur noch der Platz des Bettelmanns für ihn frei. Und das Spiel geht weiter ...

Reiterball

Mitspieler: 10 +

Ihr braucht dazu

- *einen Ball*
- *eine Wiese*

Vor Beginn des Spieles wird zu zweit abgezählt. Alle Einser werden zu Pferden, alle Zweier zu Reitern.
Die Reiter springen auf den Rücken eines Pferdes. Dann bilden die Pferde einen nicht zu engen Kreis.

Die Reiter werfen sich im Kreis den Ball zu. Lässt einer den Ball fallen, müssen die Reiter abspringen. Irgendein Pferd läuft dem Ball nach, hebt ihn schnell auf, bleibt stehen und ruft: „Halt!"
Nun darf sich kein Kind mehr bewegen. Das Pferd mit dem Ball versucht einen der Reiter zu treffen. Gelingt das, wechseln alle die Rollen: Die Reiter werden zu Pferden, und das Spiel beginnt neu. Hat das Pferd mit dem Ball aber nicht getroffen, besteigen die alten Reiter wieder ihre Pferde.

Rote Rübe

Mitspieler: 10 +

Ihr braucht dazu

- *einen Ball*
- *eine Wiese*

Die Kinder stehen mit gespreizten Beinen und dem Rücken nach innen im Kreis. Mit dem Kopf schauen sie durch die Beine in den Kreis. Ein Kind bekommt den Ball und versucht ihn einem anderen Kind zwischen den Beinen hindurchzurollen. Wem dies passiert, der scheidet aus. Rollt der Ball zwischen zwei Spielern hindurch, passiert gar nichts.
Der Kreis wird immer kleiner und kleiner, bis zum Schluss nur noch zwei Spieler übrig sind.
Diese beiden Spieler haben gewonnen und dürfen

sich in Zukunft „Rote Rüben“ nennen, da sie nun bestimmt einen ganz schön roten Kopf haben.

Springball

Mitspieler: 4 +

Ihr braucht dazu

- einen Ball
- eine Wand

Die Kinder stellen sich in einem Abstand von etwa zwei bis drei Metern vor einer Wand hintereinander auf.
Das erste Kind wirft den Ball gegen die Wand und versucht, während der Ball zurückschnellt, ihn mit gespreizten Beinen zu überspringen, und zwar so, dass das zweite Kind den Ball fangen kann.
Gelingt der Sprung nicht, scheidet das zweite Kind aus.

Stockball

Mitspieler: 4 +

Ihr braucht dazu

- einen Ball
- eine Wiese
- Stöcke

Jedes Kind sucht sich zwei Stöcke. Die Kinder stellen sich im Kreis auf. Ein Kind legt sich den Ball auf die nebeneinander gehaltenen Stöcke.
Dann versucht es den Ball an das nächste Kind weiterzugeben, ohne dass er herunterfällt.
Dabei darf der Ball nicht mit den Händen berührt werden. Wer den Ball fallen lässt, scheidet aus.
Fällt der Ball während der Übergabe auf den Boden, müssen sogar die beiden Beteiligten ausscheiden.
Wer übrig bleibt, hat gewonnen.

Tunnelball

Mitspieler: 10 +

Ihr braucht dazu
- *zwei Bälle*
- *eine Wiese*

Die Kinder bilden zwei Gruppen. Die Spieler jeder Mannschaft stellen sich mit gespreizten Beinen hintereinander auf.
Der erste Spieler jeder Gruppe bekommt einen Ball. Auf das Startzeichen hin bückt er sich und wirft den Ball zwischen seinen Beinen hindurch so schnell wie möglich nach hinten weiter.
Ist der Spieler geschickt und der Tunnel breit genug, kann er den Ball mit einem guten Wurf bis zum Ende des Tunnels rollen. Sonst müssen die Tunnelwände etwas nachhelfen.
Wenn der letzte Spieler in der Reihe den Ball bekommt, läuft er schnell nach vorne. Jetzt wirft er den Ball durch den Tunnel.
Sieger ist die Mannschaft, von der zuerst jedes Kind einmal geworfen hat.

Völkerball

Mitspieler: 12 +

Ihr braucht dazu
- *einen Ball*
- *eine Wiese*
- *Markierungen*

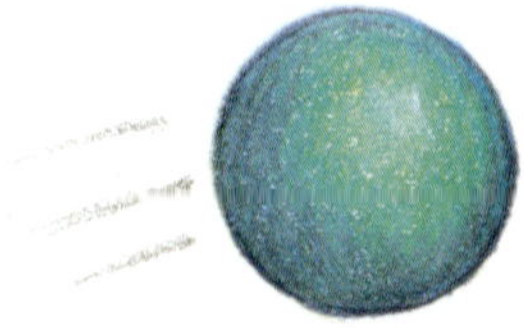

Zwei gleich große Völker (Gruppen von Kindern) stehen einander gegenüber.
Das Spielfeld – seine Größe kommt auf die Anzahl der Mitspieler an – ist in zwei gleiche Teile geteilt: Feld A und Feld B. Hinter Feld A liegt das Außenfeld von B, hinter Feld B das Außenfeld von A.
Die Spieler des einen Volkes versuchen die des anderen mit dem Ball abzuwerfen. Die Getroffenen werden in das Außenfeld ihrer Gruppe verbannt, von wo aus sie jedoch auch werfen dürfen, so dass jede Gruppe einem doppelseitigen Angriff ausgesetzt ist.
Zu Beginn schickt jede Gruppe einen Spieler in ihr Außenfeld. Dieser kehrt sofort zurück, sowie der erste Gefangene eintrifft. Einer von diesen beiden wirft den Ball ins Spielfeld.
Mit dem Ball in der Hand laufen ist verboten.
Wer die Grenzen seines Feldes überschreitet, gilt als abgeworfen. Als Abwurf gilt aber nur ein Wurf, durch den der Gegner getroffen wird, ohne dass der Ball den Boden vorher berührt hat. Der Ball darf aber gefangen werden.
Die Gruppe, die alle Gegner abgeworfen hat, ist Sieger.

Am Faden

Mitspieler: 4 +

Ihr braucht dazu
- *eine Schnur*
- *eine Augenbinde*
- *Süßigkeiten*
- *zwei Bäume*

Zwischen zwei Bäumen ist eine Schnur gespannt, und daran baumeln allerlei süße Dinge an Fäden. Einem Kind nach dem anderen werden nun die Augen verbunden. Es bekommt eine Schere in die Hand, und nachdem man es ein paar Mal herumgedreht hat, darf es drei Schritte tun, um sich ein Geschenk abzuschneiden.

Blinde Kuh

Mitspieler: 4 +

Ihr braucht dazu
- *eine Augenbinde*
- *eine Wiese*
- *Zweige*

Alle Kinder laufen auf der Wiese herum, am besten auf einem mit Zweigen abgeteilten Stück von etwa zehn mal zehn Schritten.
Die „Blinde Kuh“, ein Kind mit einer Augenbinde, muss versuchen, jemanden zu fangen. Hat sie ein Kind erwischt, wird dies die neue Blinde Kuh.

Bindfaden

Die Kinder bilden zwei gleich starke Gruppen. Alle Mitspieler haben die Augen verbunden – und werden von beiden Seiten der Wiese aufeinander losgelassen. Jeder trägt am Arm einen Bindfaden, den er dem Gegner abreißen und dabei den eigenen Faden schützen muss. Wer diesen verloren hat, darf die Augenbinde abnehmen und scheidet als Gefangener aus. Nach einer verabredeten Zeit von etwa fünf bis zehn Minuten ruft das älteste Kind: „Halt!“ Die Gruppe mit den meisten Gefangenen hat nun gewonnen.

Mitspieler: 8 +

Ihr braucht dazu

- *Augenbinden*
- *Bindfäden*
- *eine Wiese*

Bildhauer

Die Kinder kommen zu dritt zusammen. Eines ist der Bildhauer, das andere die Statue, das dritte ist der „Klumpen“ Ton, den es zu formen gilt. Der Bildhauer schließt die Augen (oder besser: bekommt sie verbunden). Er ertastet die fertige Statue und versucht nun den „Ton“ so zu formen, dass am Ende eine Figur in der gleichen Position dasteht wie die Statue.

Mitspieler: 3

Ihr braucht dazu

- *eine Augenbinde*

Blindziel

Mitspieler: 2 +

Ihr braucht dazu

- *eine Zielscheibe*
- *Klebstreifen*
- *eine Augenbinde*

Eine runde Zielscheibe wird aus einem normalen Blatt Papier (A4) etwa in Augenhöhe mit Klebstreifen an einer Wand oder einer Tür befestigt.
Die Kinder haben die Aufgabe, mit ausgestrecktem Finger und verbundenen Augen auf diese Scheibe zuzusteuern. Vorher wird vereinbart, wie viele Versuche jeder hat.
Wer die besten Treffer erzielt, ist Sieger.

Hänschen, piep einmal!

Mitspieler: 6 +

Ihr braucht dazu

- *einen Stock*
- *eine Augenbinde*

Die Kinder sitzen auf Stühlen im Kreis nebeneinander. Einem Kind werden die Augen verbunden. Es wird mehrmals im Kreise um sich selbst gedreht.
Nun darf es sich auf den Schoß eines Kindes setzen. Die Hände dürfen jedoch den Mitspieler, auf dessen Schoß es sich gesetzt hat, nicht berühren. Um herauszubekommen, wer es ist, fordert das Kind: „Hänschen, piep einmal!“ Der Mitspieler gibt mit verstellter Stimme einen Laut von sich.
Wird er erraten, bekommt er die Binde und die Rollen tauschen.
Hat das Kind falsch geraten, bleibt ihm nichts weiter übrig, als dasselbe Spiel noch einmal zu wiederholen.

Dirigent

Mit einem Taktstock ausgerüstet, steht ein Kind als Dirigent mit verbundenen Augen in der Mitte des Kreises von Kindern, die singend um ihn herumziehen, und zwar abwechselnd mal links herum, mal rechts herum.
Sowie der Dirigent sein Stöckchen hebt, bleibt alles stehen. Nun berührt er eines der Kinder mit seinem Stock und dieses muss einen Liedanfang singen. Dabei versucht es, seine Stimme zu verstellen.

Dreimal darf der Dirigent raten, wer der Sänger ist. Errät er ihn, wird er von diesem abgelöst. Rät er falsch, dreht sich der Kreis weiter.

Mitspieler: 6 +

Ihr braucht dazu

- *ein Stöckchen*
- *eine Augenbinde*
- *einen Raum*

Hindernis

Mitspieler: 4 +

Ihr braucht dazu

- *eine Augenbinde*
- *Stühle*
- *einen Raum*

Alle Kinder setzen sich in einer langen Reihe auf Stühle nebeneinander. Bevor einem Kind die Augen verbunden werden, darf es einen Probe-Slalom versuchen.
Dazu strecken die anderen Kinder ihre Beine aus. Die „Blinde Kuh“ soll sich dabei genau einprägen, wie sie laufen muss, ohne zu stolpern.
Dann werden ihr die Augen verbunden, und sie muss das Hindernisrennen erneut antreten.
Die anderen Kinder aber ziehen lautlos die Füße zurück, so dass gar keine Hindernisse da sind. Und alle freuen sich, wenn die Blinde Kuh vorsichtig herumstelzt, um ja nirgendwo auf einen Fuß zu treten, in Wirklichkeit aber gar keine Hindernisse da sind.

Jakob, wo bist du?

Mitspieler: 4 +

Ihr braucht dazu

- *einen Tisch*
- *einen Raum*
- *zwei Augenbinden*

Alle Kinder stehen um einen Tisch herum; die Stühle sind beiseite gestellt. Zwei Kindern werden nun die Augen verbunden.

Während alle anderen Zuschauer vom Tisch weg-treten, bekommt ein Kind die Aufgabe, das andere zu fangen. Beide müssen dabei den Tisch immer mindestens mit einer Hand berühren. Sie dürfen über den Tisch hinweg- und unter dem Tisch hin-durchkriechen. Niemals darf ihre Hand dabei das Holz verlassen. Der Fänger hat das Recht, hin und wieder zu rufen: „Jakob, wo bist du?" Darauf muss der Gejagte einen kurzen Laut von sich geben. Berührt der Fänger den Gejagten, wird der zum neuen Jäger und darf sich einen Jakob aussuchen.

Kissen

Die Mitte eines Raumes wird freigeräumt. Die Kinder stehen am Rande.
Auf dem freien Platz kriechen zwei „Blinde" auf allen Vieren herum. Irgendwo liegt ein Kissen, das beide suchen müssen.
Wer es gefunden hat, sucht wort-los das andere „blinde" Kind und darf es mit dem Kissen verhau-en. Bevor es allzu viel ab-bekommt, versucht dieses Kind nun seinerseits einen Zuschauer zu fangen.

Mitspieler: 6 +

Ihr braucht dazu

- *ein Kissen*
- *zwei Augen-binden*
- *einen Raum*

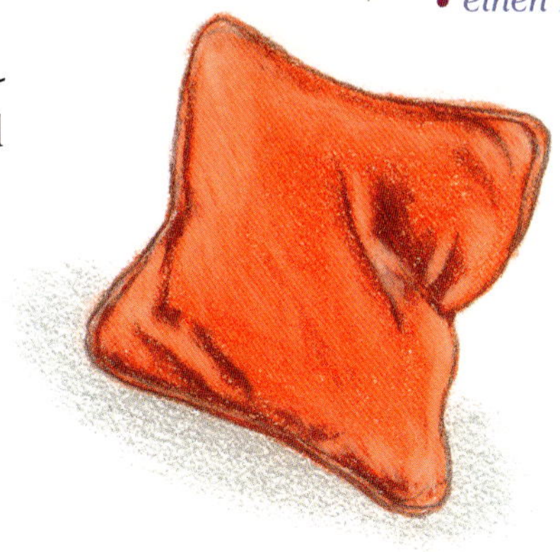

Löffel

Mitspieler: 6 +

Ihr braucht dazu

- *zwei Holzlöffel*
- *eine Augenbinde*
- *einen Raum*

Die Mitte eines Raumes wird freigeräumt. Einem Kind werden die Augen verbunden und zwei hölzerne Löffel in die Hand gedrückt. Die anderen Mitspieler bewegen sich im Kreis um es herum.

Seine Aufgabe ist es, einen der Mitspieler mit einem der Löffel zu berühren. Darauf steht die ganze Gesellschaft sofort still.

Das „blinde“ Kind muss nun versuchen, mit den Löffeln als Fühler herauszufinden, wen es berührt hat.

Auf keinen Fall darf es dazu die Hände benutzen, sondern den zu Erratenden lediglich mit beiden Löffeln „abtasten“.

Ochs am Berg

Mitspieler: 5 +

Ihr braucht dazu

- *eine Wand*
- *ein Stück Kreide*

Auf einem Hof oder in einer ruhigen Straße steht ein Kind, der „Ochs am Berg“, mit dem Gesicht zur Hauswand. Hinter seinem Rücken, etwa 20 bis 30 Schritte entfernt, stehen die anderen Kinder in einer mit Kreide gezogenen Linie nebeneinander.

Auf „Los!“ setzt sich die ganze Gesellschaft in Bewegung, vorsichtig, mit winzigen Trippelschritten. Denn plötzlich dreht sich der Ochs um, und wen

er bei irgendeiner Bewegung überrascht, der wird zur Anfangslinie zurückgeschickt.
Wer als Erster bis zur Wand gekommen ist und sie berührt, ohne vorher erwischt zu werden, ist Sieger.

Stocksuche

Mitspieler: 6 +

Ihr braucht dazu

- *einen Stock*
- *eine Augenbinde*
- *einen Spielplatz*

Am einen Ende des Spielplatzes ist ein Stock in die Erde gesteckt. Man zählt genau ab, wie viele Schritte es von dort aus zur gegenüberliegenden Platzseite sind. Von dieser aus muss nun ein Kind nach dem anderen blind zu dem Stock wandern. Nach der erforderlichen Schrittzahl bekommt es das Tuch abgenommen, muss jedoch auf seinem erreichten Platz stehen bleiben und warten, bis alle gewandert sind.
Wer dem Stab am nächsten kommt, hat gewonnen.

Tauschen

Mitspieler: 6 +

Ihr braucht dazu

- *Stühle*
- *eine Augenbinde*
- *einen Raum*

Auf Stühlen sitzen die Kinder im Kreis. Jedes gibt sich selbst einen Fantasienamen. In der Mitte steht das Kind, dem die Augen verbunden worden sind.
Es hat sich die Fantasienamen gemerkt und ruft zum Beispiel: „Der kleine Muck tauscht mit Hans im Glück."
Nun müssen die beiden Angesprochenen den Platz tauschen.
Dabei versucht aber der Blinde, schnell selbst auf einen der beiden frei werdenden Plätze zu gelangen. Wer keinen Platz findet, wird selbst der Blinde. (Tipp: Tauscht heimlich die Plätze, bevor er anfängt!)

Platzen

An einer Schnur hängen einige dick aufgeblasene, mit Kordeln zugeschnürte Tüten. Der „blinde Spieler“ versucht eine davon durch Zusammenschlagen der Hände zum Platzen zu bringen.

Mitspieler: 3 +

Ihr braucht dazu
- *eine Schnur*
- *Kordeln*
- *eine Augenbinde*
- *Papiertüten*

Topfschlagen

Man bindet einem Kind die Augen zu und drückt ihm einen langstieligen Holzlöffel in die Hand. Damit soll es auf einen mitten im Zimmer aufgestellten Kochtopf schlagen.
Es hat diesen Topf gesehen, wird dann aber mit verbundenen Augen ein paar Mal um die eigene Achse gedreht und soll nun den Topf ertasten und finden, um darauf zu schlagen.
Die anderen Kinder sehen dabei zu und können durch irreführende Zurufe das suchende Kind in eine falsche Richtung locken.
Wenn das „blinde“ Kind den Topf gefunden und darauf geschlagen hat, ist es Sieger und bekommt einen kleinen Preis.
Nach ein paar Runden kann man den Topf entfernen, wenn das Kind mit den verbundenen Augen nach ihm sucht.

Mitspieler: 6 +

Ihr braucht dazu
- *einen Holzlöffel*
- *einen Kochtopf*
- *eine Augenbinde*
- *einen Raum*

Mitspieler: 16 +

Ihr braucht dazu

- *eine Fahne*
- *Armbinden in zwei Farben*
- *ein Waldstück*

Die Fahne erobern

Die Kinder suchen sich eine dicht bewaldete Bergkuppe aus. Auf der Spitze wird die Fahne in den Boden gerammt.

Unterhalb der Fahne, im Abstand von etwa 20 Schritten rings um die Kuppe verteilt, sind die Kinder mit den blauen Armbinden aufgestellt, jedes etwa zehn Schritte voneinander entfernt.

Die Kinder mit den roten Armbinden schleichen sich vom Rand des Waldstückes aus an und versuchen den Kreis der Blauen zu durchbrechen.

Nur die Blauen dürfen abschlagen, indem sie einen Gegner berühren.

Wer abgeschlagen ist, muss die Armbinde abnehmen und scheidet aus.

Die durch den Sperrriegel der Blauen gekommenen Roten sammeln sich an der Fahne.

Wenn sie mit mindestens der Hälfte ihrer „Angrcifer“ an der Fahne angekommen sind, haben sie gewonnen.

Räuber und Gendarm

Es werden zwei gleich große Gruppen gebildet. Eine Gruppe, die „Räuber“, verstecken sich im Wald.
Die „Gendarmen“ sind durch Armbinden von ihnen zu unterscheiden. Sie sollen die Räuber aufspüren und durch Abschlagen fangen.
Die gefangenen Räuber binden sich ebenfalls Armbinden um und spielen als Gendarmen weiter mit.
Wer als Letzter gefangen wird, ist der Räuberhauptmann und darf ein neues Spiel vorschlagen.

Mitspieler: 8 +

Ihr braucht dazu

- Armbinden
- ein Waldstück

Schatzjagd

Mitspieler: 10 +

Ihr braucht dazu
- *einen Schatz*
- *Armbinden*
- *ein Waldstück*

Die Kinder bilden zwei gleich große Gruppen. Irgendwo im abgegrenzten Waldstück versteckt wartet der kostbare Schatz.
Vielleicht hängt er in den Ästen eines Baumes, vielleicht in einer Höhle oder unter einem umgekippten Baumstamm.
Der Wald aber ist von Riesen bevölkert, die jeden Eindringling fangen, den sie erwischen. Der Gefangene wird dann selbst zum Riesen.
Dummerweise wissen die Riesen selbst jedoch nicht, wo der Schatz verborgen ist.
Die Schatzsucher, kenntlich gemacht mit Armbinden, wollen den Schatz rauben und zum verabredeten Ort bringen. Sie haben den Vorteil, dass sie den Platz kennen, an dem der Schatz verborgen ist.

Schnitzeljagd

Die Kinder bestimmen zwei „Füchse“, die mit einem Vorrat an Papierschnitzeln versorgt werden. Sie sollen ein vorher bestimmtes Ziel erreichen, zum Beispiel einen Hochsitz oder eine Lichtung.
Dabei legen sie mit Schnitzeln und Zweigen eine Spur. Es sind aber alle Arten von falschen Spuren erlaubt. Wenn also ein Schnitzelpfeil in eine bestimmte Richtung weist, ist noch lange nicht gesagt, dass diese Spur eine richtige ist!
Nach einer verabredeten Zeit – zehn Minuten reichen – beginnen die Jäger (die restlichen Kinder) mit der Verfolgung.
Sie haben gewonnen, wenn sie die Füchse noch vor Erreichen ihres Zieles aufgespürt haben.

Mitspieler: 8 +

Ihr braucht dazu

- *Papierschnitzel*
- *Äste und Zweige*
- *ein Waldstück*

Ahlen

Mitspieler: 2 +

Ihr braucht dazu

- *etwas Kleingeld*

„Wer den Pfennig nicht ehrt, ist die Mark nicht wert." – wer kennt diesen Spruch nicht? Als eure Opas in eurem Alter waren, haben sie mit Münzen „geschnibbelt". Dabei standen die Jungen etwa drei Meter von einer Mauer entfernt und versuchten dann nacheinander, ihre Münzen so zu werfen, dass diese nahe der Mauer zum Liegen kamen. Wessen Münze der Mauer am nächsten lag, der hatte gewonnen (und konnte die Münzen der anderen einkassieren). Klar, dass da nur mit Pfennigen gespielt wurde. Heute fängt jeder mit einem Startkapital von 5-Cent-Stücken an.

Apfelschnappen

Mitspieler: 2 +

Ihr braucht dazu

- *je Mitspieler einen Apfel*
- *eine große Wanne oder Töpfe*

Eine große Wanne ist zu zwei Dritteln mit Wasser gefüllt. Entsprechend der Anzahl der Kinder werden Äpfel in die Wanne gelegt, die alle einen kleinen Stiel haben müssen und mit dem Stiel nach oben schwimmen sollen. Jeweils zwei Kinder spielen gegeneinander und versuchen die Äpfel zu erwischen. Zum Schnappen darf nur der Mund benutzt werden; man darf hineinbeißen oder den Apfel am Stiel mit den Lippen oder Zähnen aus dem Wasser holen. Alles ist erlaubt, nur nicht die Hände zur Hilfe zu nehmen!

Aufgebrezelt

Eine Brezel wird an der Schnur befestigt. Ein Kind hält die Schnur hoch, die anderen dürfen der Reihe nach danach springen und versuchen, einen Happen abzubeißen. Natürlich darf die Schnur nicht zu niedrig gehalten werden, aber auch nicht zu hoch. Guten Appetit!

Mitspieler: 2 +

Ihr braucht dazu

- *eine Schnur und eine Brezel je Mitspieler*

Chinesenlauf

Zwei Chinesenhüte mit Gummiband müssen gebastelt werden. Immer jeweils zwei Kinder laufen um die Wette: Hut auf dem Kopf, zwischen die Knie einen Ball geklemmt, in der Hand ein Tablett mit leeren Pappbechern, die logischerweise nicht runterfallen dürfen. Und als total witzige Erschwerung gibt's schwarze Wollfäden, die als Bart zwischen Nase und Mund zu klemmen sind.

Mitspieler: 2 +

Ihr braucht dazu

- *einen Ball*
- *ein Tablett oder einen Teller*
- *mehrere Pappbecher.*

Deckelschnappen

Mitspieler: 1 +

Ihr braucht dazu

- *ein paar Bierdeckel*
- *einen Tisch, an dem ihr spielen könnt*

Der Bierdeckel liegt so auf der Tischkante, dass die Hälfte davon auf dem Tisch, die andere Hälfte über die Kante hinausragt.
Der Deckel wird mit den Fingern einer Hand von unten nach oben in die Luft geschlagen, dreht sich in der Regel ein bis einige Male und fällt dann wieder herunter. So weit soll es aber gar nicht kommen.
Das Kind soll den Deckel mit derselben Hand fangen, bevor er wieder die Tischplatte berührt.
Manche sind Meister darin und können bis zu zehn Bierdeckel aufeinander gestapelt schnappen!

Dreischritt

Mitspieler: 2 +

Ihr braucht dazu

- *3 Pappen für jeden Mitspieler*

Jedes Kind hat drei mittelgroße Pappen oder Fliesen. Auf zwei von ihnen stellt man sich auf, legt die dritte nach vorne und tritt mit einem Fuß darauf. Nun wird ein weiteres Unterteil frei, das man nach vorne befördern und darauf treten kann. Schnell ins Ziel!

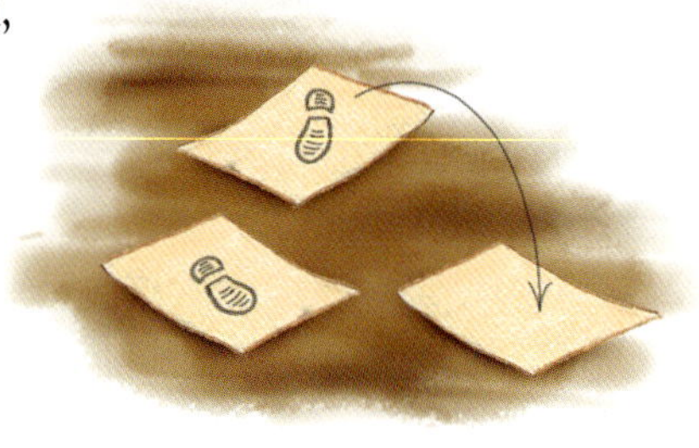

Eierblasen

Mitten auf dem Tisch liegt ein ausgeblasenes Ei. Auf Los pusten alle kräftig auf das Ei. Wer das Ei auf den Boden fallen lässt und es zerbricht, muss ein Pfand bezahlen. Anstelle des Eies geht auch ein Wattebausch, aber Eier sind beliebter.

Mitspieler: 3 +

Ihr braucht dazu

- *ausgeblasene Eier oder einen Wattebausch*
- *einen Tisch*

Eierlauf

Ein rohes Ei muss auf einem Suppenlöffel so schnell wie möglich zu einem vorher ausgemachten Ziel transportiert werden. Die Geschwindigkeit wurde allein dadurch noch gesteigert, dass neben dem Eierläufer ein anderer Spieler sein Ei schneller ins Ziel zu bringen suchte. (Und abends gab es in der Regel Rührei.)

Mitspieler: 2 +

Ihr braucht dazu

- *für jeden Mitspieler ein rohes Ei und einen Esslöffel*

Flaschenreiter

Mitspieler: 4 +

Ihr braucht dazu

- *leere Flaschen*
- *eine Spielwiese*

Über die ganze Wiese sind leere Flaschen verteilt. Jedes Team besteht aus zwei Kindern. Das stärkere trägt das andere auf seinem Rücken. Der „Reiter“ streckt die Beine vor. Das Pferdchen trägt seinen Reiter nun zu einer Flasche. Der Reiter muss sie mit den Füßen aufheben und zum Ziel tragen. Dann schnell zur nächsten Flasche.

Hölzchen

Mitspieler: 6 +

Ihr braucht dazu

- *eine Schachtel Streichhölzer für jedes Team*
- *einen Tisch*

An der Längsseite eines Tisches sitzen sich zwei Mannschaften gegenüber. Jede Gruppe bekommt eine Streichholzschachtel mit der gleichen Anzahl Zündhölzchen, die auf die Kinder der Gruppe genau gleich verteilt werden müssen. Die Kinder legen sie vor sich auf den Tisch. Nach dem Startkommando hat auf jeder Seite ein Kind die Schachtel in der Hand, öffnet sie, legt ein Hölzchen hinein, schließt sie wieder, gibt sie an den Nachbarn, der das Gleiche macht. Die Schachtel wandert von Hand zu Hand, Sieger ist die Mannschaft, die zuerst alle Hölzchen in ihrer Schachtel hat.

Kibbel-Kabbel

Bei diesem Geschicklichkeitsspiel benötigt man mindestens einen „Kibbel“ und einen „Kabbel“: Der „Kibbel“ ist ein 10 cm langes Rundholz, an beiden Enden zugespitzt, der „Kabbel“ ein 1 m langer Stock.

Bei Spielbeginn muss eine Rinne oder Kuhle ausgegraben werden, über die der Kibbel dann quer gelegt wird. So kann man den Kabbel gut darunter schieben, um den Kibbel in die Luft zu schleudern

Es spielen zwei Parteien gegeneinander, von denen die eine die Werfer und die andere Partei die Fänger bilden. Ein Kind der Werferpartei wird zum ersten Werfer bestimmt und legt den Kibbel quer über die Kuhle, während die Fänger sich in etwa 8 Metern Entfernung aufstellen.
Nun schleudert der Werfer seinen Kibbel mithilfe des Kabbels in die Luft und den Fängern entgegen, die versuchen, den Kibbel zu fangen. Gelingt dies einem Kind, bekommt es einen Punkt und darf 3 Schritte auf die Kuhle zugehen. Hier hat der Werfer den Kabbel quer über die Kuhle gelegt.
Der Fänger muss nun versuchen, den Kabbel zu treffen. Gelingt ihm dieses, bekommt er zwei Punkte.
Wenn der Kibbel gar nicht gefangen wird, erhält der Werfer einen Punkt.

Mitspieler: 4 +

Ihr braucht dazu

- *ein ca. 10 cm langes Rundholz*
- *einen ca. 1 m langen Stock oder Ast*
- *eine Spielwiese*

Naseweis

Mitspieler: 8 +

Ihr braucht dazu

- *eine Streichholzschachtel pro Mannschaft*

Es werden zwei Parteien gebildet, die sich hintereinander aufstellen. Den beiden vordersten Kindern wird eine Streichholzschachtelhülle auf die Nase gesteckt.
Auf „Los!“ muss nun die Streichholzschachtel auf die Nase des jeweils nächsten Kindes gesetzt werden, ohne dabei die Hände zu benutzen. Fällt die Schachtel auf den Boden, darf sie aufgehoben werden, muss aber zuerst noch mal auf die eigene Nase, ehe sie weitergereicht werden kann.

Die Partei, bei der die Streichholzschachtel am schnellsten von Nase zu Nase wandert, hat gewonnen.

Nasse Münzen

Mitspieler: 2 +

Ihr braucht dazu

- *ein Glas Wasser*
- *Münzen*
- *einen Tisch*

Auf einem Tisch oder Hocker steht ein Glas mit Wasser. Die Spieler versuchen abwechselnd, Münzen in das Glas zu werfen.
Wer es schafft, das Glas zum Überlaufen zu bringen, kann die Münzen darin behalten.

Pappjagd

Jedes Kind bekommt eine Schnur um den Bauch gebunden, an der ein Pappdeckel befestigt ist. Er schleift hinter ihnen her. Schon geht die wilde Jagd los. Jeder versucht jedem auf den Anhänger zu treten und ihn so abzureißen.

Mitspieler: 3 +

Ihr braucht dazu

- *für jeden Mitspieler ca. 1–2 m Schnur und ein Stück Pappe*

Läufer ohne Anhänger haben das Spiel hinter sich. Es bleibt der letzte Spieler mit Anhänger übrig, wieder einmal ein strahlender Sieger.

Mitspieler: 6

Ihr braucht dazu

- *eine Münze*
- *einen Tisch*

Raupe, Flunder, Elefant

Drei Kinder sitzen an einer Seite des Tisches, drei gegenüber. Eine Mannschaft tauscht unter dem Tisch eine Münze aus, ohne dass die anderen es sehen. Einer bekommt die Münze und klemmt sie im Handteller zwischen Daumen und Handballen ein.

Dann gibt die andere Mannschaft Kommandos für unser Spiel „Raupe, Flunder, Elefant“. Dazu müssen wir unsere Hände auf drei verschiedene Arten auf den Tisch legen. Am besten üben wir diese drei Arten erst einmal:

Bei dem Kommando „Raupe“ werden die geschlossenen Fäuste auf den Tisch gelegt, die leichteste Übung.

Bei „Elefant“ zeigt der Mittelfinger als Rüssel freischwebend nach vorne, die anderen Fingerspitzen stehen als Beine auf dem Tisch. Ist das schon schwierig, wird es jetzt ernst:

Bei „Flunder“ müssen wir unsere Hände mit dem Handteller flach auf die Tischplatte legen.

Dann raten die anderen, unter welcher Hand die Münze ist. Schaffen sie es nicht, sind wir noch einmal an der Reihe.

Im anderen Fall geht die Münze auf die andere Seite und wir müssen raten.

Schokolade auspacken

Die Schokoladentafel wird in Zeitungspapier (mindestens 3 Schichten) eingepackt und mit Kordel verschnürt.
Der Reihe nach würfeln die Kinder. Wer eine 6 gewürfelt hat, zieht sich blitzschnell die Mütze auf den Kopf, wirft sich den Schal um den Hals, schlüpft in die Handschuhe, greift nach Messer und Gabel und beginnt mit diesem „Werkzeug" die Schokolade aus ihrer Umhüllung zu bekommen und so viel Schokolade wie möglich in sich hineinzustopfen.
Dies wird dem Kind in der Regel nicht lange gelingen, denn die anderen reichen den Würfel in der Zwischenzeit so schnell wie möglich weiter.
Sobald ein anderer eine 6 würfelt, ist es vorbei mit der Schleckerei: Dann werden dem Schokoladengenießer nämlich sämtliche Utensilien entrissen, um selber in den Genuss eines Schokostückchens zu gelangen.

Mitspieler: 3 +

Ihr braucht dazu

- *eine Tafel Schokolade*
- *Handschuhe, Mütze und Schal*
- *Messer und Gabel*
- *einen Würfel*

Schoßsitzen

Mitspieler: 6 +

Ihr braucht dazu

- *gar nichts*

Alle kommen zu einem großen Kreis zusammen. Sie stehen dicht hintereinander, die eigene Vorderseite zeigt zur Rückseite des Vordermannes. Der Kreis sollte möglichst rund und gleichmäßig sein.

Dann wird es spannend:
Jeder umfasst jetzt die Taille des Vordermannes. Gleichzeitig setzt sich jeder vorsichtig auf die Oberschenkel seines Hintermannes.
Das Ergebnis sollte ein gleichmäßiger Menschensitzkreis sein.

Schwinger

Mitspieler: 3 +

Ihr braucht dazu

- *einen Stein*
- *ein Tuch*
- *ein Seil*
- *einen freien Platz*

Die Kinder stehen im Kreis. In der Mitte befindet sich der Schwinger. Er hält ein gerafftes Seil in der Hand, an dessen Ende ein Stein in ein Tuch eingeschnürt ist.
Nun schwingt er das Seil im Kreis, während er sich um die eigene Achse dreht. Dabei lässt er immer mehr Seil los, bis es die Kinder im Kreis erreicht. Sie müssen es überspringen.
Bleibt das Seil an einem Spieler hängen, kommt dieser in die Kreismitte und ist der neue Schwinger.

Senden

Mitspieler: 8 +

Ihr braucht dazu

- *gar nichts*

Alle Kinder stellen sich in einer Schlange auf. Jeder hält den linken Fuß des Vordermannes mit seiner rechten Hand fest und steht dabei aufrecht. Der rechte Fuß trägt die Körperlast, die linke Hand ist frei.
Der Letzte der Reihe sendet nun eine Mitteilung an den Ersten. Er schreibt also seinem Vordermann mit der freien Linken Buchstaben auf den Rücken, langsam und deutlich.
Diese Buchstaben werden nun nach vorne weitergegeben.

Achtung:
Die Leitung darf nicht unterbrochen werden!

Stielschnappen

Mitspieler: 5 +

Ihr braucht dazu

- *einen Besenstiel*

Die Kinder stehen im Kreis und erhalten reihum Nummern.

Nummer 1 hält einen Besenstiel aufrecht, lässt diesen plötzlich los und ruft eine Nummer.

Das betreffende Kind muss den Stiel blitzschnell packen, bevor dieser umfällt.

Dann ruft das Kind, das den Stiel aufgefangen hat, eine andere Nummer.

Über Stock und Stein

Mitspieler: 2 +

Ihr braucht dazu

- *einen kurzen Stock pro Mitspieler*
- *eine Wiese*

Jedes Kind nimmt einen Stab oder Stock in beide Hände.

Nach dem Startzeichen laufen alle über die Wiese, dem vorher festgelegten Ziel entgegen. Jedoch müssen sie bei jedem Laufschritt mit beiden Beinen über den Stab steigen oder springen.

Ein anstrengendes Unterfangen, bei dem die Geschicklichkeit wichtiger ist als die Schnelligkeit!

Watteblasen

Man legt auf die Mitte des Tisches, um den alle Mitspieler versammelt sind, einen kleinen Wattebausch.
Auf ein Zeichen beginnt jeder das Watteflöckchen von sich wegzublasen. Jeder will, dass die Watte bei einem Mitspieler vom Tisch zu Boden fällt oder auf dessen Kleidung haftet, da dieser die Runde dann nämlich verloren hat und ein Pfand abgeben muss.

Man darf diese Gefahr nur durch Pusten abwehren; der Einsatz der Hände ist nicht erlaubt.

Mitspieler: 3 +

Ihr braucht dazu

- *einen Wattebausch*
- *einen Tisch*

Die Woche

Mitspieler: 1 +

Ihr braucht dazu

- *einen Stein*
- *einen Platz*
- *ein Stück Kreide*

Das Kind malt die Wochentage wie unten abgebildet auf den Boden.
Es steht auf Sonntag und wirft von dort den Stein auf den Montag. Das Kind hüpft nun auf einem Bein hinterher.
Dann wird der Stein immer zum folgenden Tag geworfen und hinterhergehüpft.

Himmel und Hölle

Mitspieler: 1 +

Ihr braucht dazu

- *einen Stein*
- *einen Platz*
- *ein Stück Kreide*

Das Kind malt die Zahlen und Wörter wie rechts oben abgebildet auf den Boden. Der Stein wird in das Feld 1 gelegt. Das Kind springt hinein und hebt den Stein auf.
Dann springt es mit gespreizten Beinen gleichzeitig auf 2 und 3.

Auf die 4 hüpft es wieder in die Grundstellung und so weiter, bis es bei Himmel und Hölle angekommen ist. Im Himmel darf es sich ausruhen und dann den Weg zurück machen.
Die Linien zwischen den Feldern dürfen nicht mit den Füßen berührt werden!

Hinkefuchs

Herbert ist der „Hinkefuchs“ und steht auf seinem Mal, einem Kreis von etwa zwei Schritten Durchmesser, der auf den Boden gemalt worden ist. Der Kreis ist sein Zuhause; verlässt er ihn, muss er auf einem Bein hüpfen. In der Hand hält er ein Taschentuch mit einem dicken Knoten. Hüpfend versucht er nun eines der herumlaufenden Kinder zu erhaschen. Berührt er eines mit dem Tuch, kann er sein Amt abgeben.
Ist er müde, darf er sich in seinem Haus ausruhen. Berührt er aber außerhalb des Kreises mit dem zweiten Fuß den Boden, stürzen sich die Kinder auf ihn und jagen ihn mit Stößen in sein Haus zurück.

Mitspieler: 3 +

Ihr braucht dazu

- *ein Taschentuch*
- *einen Platz*
- *ein Stück Kreide*

Paradieshüpfen

Mitspieler: 1 +

Ihr braucht dazu

- *einen Stein*
- *einen Platz*
- *ein Stück Kreide*

Der Weg zum Paradies mit seinen acht Stationen ist auf den Boden gemalt.

Ein Kind wirft das Steinchen ins erste Haus.

Dann springt es, auf einem Bein hüpfend, hinterher und schiebt mit der Fußspitze das Steinchen weiter durch alle Felder hindurch, von Feld 4 direkt ins Feld 7, die Hölle.

Bevor es den Stein von da ins Paradies (Feld 8), wo die Erholung winkt, befördern darf, muss es fünf Kreuzsprünge machen:

1. Sprung: rechter Fuß in Feld 5, linker in Feld 6

2. Sprung: rechter Fuß in Feld 7, linker in Feld 4

3. Sprung: rechter Fuß in Feld 6, linker in Feld 5

4. Sprung: rechter Fuß in Feld 4, linker in Feld 7

5. Sprung: rechter Fuß in Feld 5, linker in Feld 6

Dann schiebt es, wieder auf einem Bein, das Steinchen von Feld 7 ins Paradies, um sich dort auszuruhen. Danach wird der Stein auf dem gleichen Weg wieder zum Ausgang zurückbefördert.
Der Sprungfuß darf keine Linie berühren und das Steinchen nirgendwo über die Randlinie hinausfliegen.

Seilchenspringen

Zwei Kinder halten das große Seil an beiden Enden und lassen es in weitem Bogen kreisförmig schwingen. Die Springerin oder der Springer – es können auch zwei oder drei sein – läuft hinein, solange das Seil gerade in der Luft schwebt, und hüpft auf der Stelle, um nach einiger Zeit wieder hinauszulaufen, ohne vom Seil getroffen zu werden.

Mitspieler: 3 +

Ihr braucht dazu

- *ein Seil*
- *einen Platz*

Seillauf

Mitspieler: 4 +

Ihr braucht dazu

- ein Seil
- einen Platz

Zwei Kinder schwingen das Seil. Eines hinter dem anderen, auch paarweise, laufen die anderen Kinder unter dem Seil durch.

Springkreis

Mitspieler: 4 +

Ihr braucht dazu

- eine Schnur
- ein Stück Kreide
- einen Turnschuh
- einen Platz

Mitten in einem mit Kreide auf den Boden gemalten Kreis mit einem Durchmesser von etwa fünf Schritten steht ein Mitspieler.
Er hält eine etwa zwei Schritte lange Schnur in der Hand, an deren Ende ein schwerer, nicht zu harter

Gegenstand befestigt ist (ein Turnschuh oder dergleichen). Knapp über dem Boden lässt er die Schnur kreisen, immer schneller und schneller, so dass die Kinder im Kreis immer eifriger hochspringen müssen.
Wen die Schnur trifft, der muss ausscheiden.

Steinchen

Mitspieler: 1 +

Ihr braucht dazu

- *ein Stück Kreide*
- *einen Stein*
- *einen Platz*

Das Kind malt sich mit der Kreide zehn Felder auf den Boden. Die Felder liegen in einer Reihe nebeneinander und sind quadratische Kästchen von etwa drei Füßen Länge.
Dann legt es das Steinchen auf eine Fußspitze und hüpft mit dem anderen Fuß vorsichtig von einem Feld zum anderen. Der Stein darf nicht zur Erde fallen!

Alle Kästchen können mit etwas Übung auch „blind“, also mit geschlossenen oder verbundenen Augen, durchgehüpft werden.

Gerade und ungerade

Mitspieler: 2

Ihr braucht dazu

- *nur eure Hände*

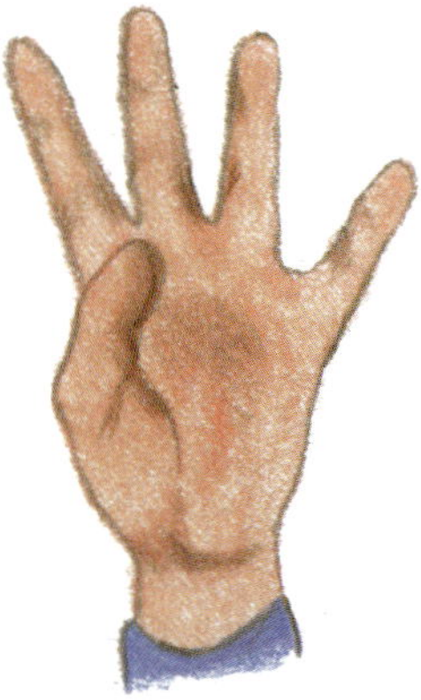

Beide Kinder einigen sich, wer die geraden und wer die ungeraden Zahlen bekommt. Dann verstecken sie die Hände auf dem Rücken. Wenn das eine Kind „Jetzt!" ruft, strecken beide ihre Hände nach vorne. Dabei dürfen sie frei entscheiden, wie viele Finger sie zeigen.

Die Finger werden zusammengezählt. Dann ist klar, wer gewonnen hat.

Münzknobeln

Mitspieler: 2 +

Ihr braucht dazu

- *eure Hände*
- *zwei Münzen*

Jedes Kind hat eine Münze. Abwechselnd bestimmen sie, was gewinnt, Bild oder Zahl. Gleichzeitig werfen die Kinder ihre Geldstücke hoch. Dann schauen sie nach, welche Seite nach oben zeigt. Bei Gleichstand, also einem Bild und einer Zahl, nehmen sie die Münzen auf und beginnen von vorne. Gibt es einen Verlierer, weil beide Münzen nicht die von ihm gewählte Seite zeigen, bekommt er einen Punkt auf die Backe.

Hat ein Kind drei Punkte, ist das Knobeln zu Ende, und es hat verloren.

Stein, Schere, Papier

Die Kinder stehen einander gegenüber. Nun wird geknobelt.
Ein Kind ruft: „Ping – Pang – Pong!“ Bei „Pong“ zeigt jedes Kind eine Hand. Dabei bilden zwei vorgestreckte, gespreizte Finger die Schere. Die geschlossene Faust stellt den Stein dar, die offene, ausgestreckte Hand das Papier. Gewertet wird so: Der Stein wird vom Papier umwickelt, schleift aber auch gleichzeitig die Schere. Das Papier wird von der Schere zerschnitten, wickelt aber auch den Stein ein. Die Schere wird vom Stein zerstört, kann aber auch das Papier zerschneiden. Somit sind alle drei gleich stark!

Mitspieler: 2 +

Ihr braucht dazu

- *nur eure Hände*

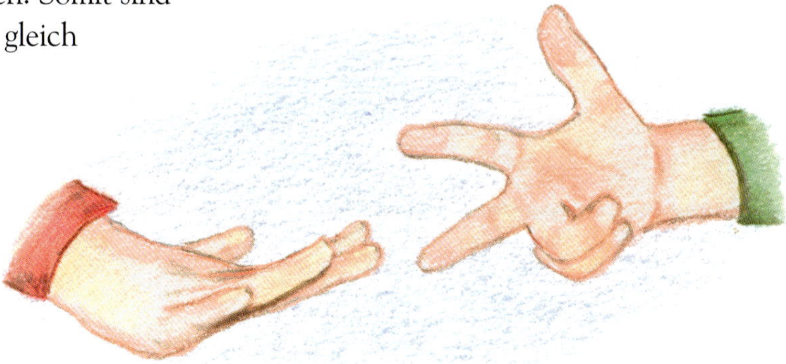

Stockknobeln

Mitspieler: 2

Ihr braucht dazu

- *eure Hände*
- *einen Stock*

Ein Kind wirft dem anderen einen Stock zu, den das andere Kind mit der rechten Hand fängt und so festhält.
Das erste Kind packt nun seinerseits das Holz direkt oberhalb der Hand des zweiten Kindes, dann ist das erste wieder an der Reihe und das zweite greift darüber. So geht es immer weiter. Wer den Stock als Letzter noch halten kann, ist Sieger.

Streichholzknobeln

Mitspieler: 2 +

Ihr braucht dazu

- *einen Tisch*
- *für jedes Kind drei Streichhölzer*

Die Kinder haben je drei Streichhölzer zur Verfügung. Alle haben ihre Hände unter dem Tisch. Sie nehmen unbeobachtet so viel Hölzchen in die Hand, wie sie wollen. Bei vier Kindern sind also null bis zwölf Hölzer im Spiel.
Hat jeder seine Entscheidung getroffen, legt er die geschlossene Hand auf den Tisch. Reihum nennt nun jedes Kind eine Zahl.
Hat der erste Spieler seine Zahl genannt, können die anderen daraus vielleicht schließen, ob er viel oder wenig in der Hand hat. Jeder muss eine Zahl sagen, nicht aber eine bereits genannte.
Nach allen Ansagen werden die Hände geöffnet, um die richtige Anzahl der Hölzchen festzustellen. Wer diese richtige Zahl genannt hat, darf ein Holz ablegen. Wurde sie von keinem genannt, geht das Spiel ohne Unterbrechung weiter.
Sieger ist, wer seine Hölzchen zuerst ablegen konnte.

Tipp Topp

Mitspieler: 2

Ihr braucht dazu

- *eure Füße*

Die beiden Kinder stehen sich im Abstand von etwa zwei Schritten gegenüber.
Das eine Kind setzt seinen linken Fuß knapp vor den rechten (Ferse vor der Fußspitze) und sagt „Tipp!".
Jetzt sagt das andere Kind: „Topp!" und tut dasselbe.
Dann ist das erste Kind wieder an der Reihe.
So geht es weiter. Wer den letzten Fuß in die Lücke setzen kann, hat gewonnen.
Mit diesem Spiel können auch gut Mannschaften ausgeknobelt werden.
Der Mannschaftskapitän, der den letzten Fuß gesetzt hat, darf das erste Kind für seine Mannschaft wählen.

Ab ins Loch

Mitspieler: 4 +

Ihr braucht dazu

- *eine Schnur*
- *eine Wiese*

Auf einer Wiese wird, am besten mit einer Schnur, ein Kreis mit einem Durchmesser von etwa einem Schritt gebildet.
Nun stellen sich alle Kinder um diesen Kreis herum auf und fassen sich an beiden Händen.
Auf ein Startkommando versucht jeder den anderen in den Kreis zu ziehen und dabei nicht selber hineinzutreten.
Wer mit einem Fuß die Schnur berührt oder in den Kreis tritt, scheidet aus.

Armdrücken

Mitspieler: 2

Ihr braucht dazu

- *einen Tisch*

Zwei Kinder setzen sich je an eine Seite des Tisches auf Stühle.
Sie stützen die Ellbogen ihrer rechten Arme auf die Tischplatte und umfassen ihre rechten Hände.
Der linke Arm muss frei pendeln, er darf nicht am Tisch abgestützt werden.

Auf ein Kommando versuchen beide den Arm des anderen auf die Platte zu drücken. Wer das schafft, hat gewonnen.

Der Kaiser schickt seine Soldaten aus

Mitspieler: 10 +

Ihr braucht dazu

- eine Wiese

Die Kinder teilen sich in zwei gleich große Gruppen. Beide Gruppen stellen sich einander zugewandt in zwei Reihen Schulter an Schulter auf, etwa zehn Schritte voneinander entfernt.
Die Kinder der einen Gruppe halten sich fest an den Händen und bilden so eine Kette, müssen aber zwischen ihren Körpern Raum lassen.

Die andere Gruppe wählt ihren Kaiser. Dieser schickt zwei „Soldaten“ aus, die versuchen sollen, die Kette der Gegner zu durchbrechen. Wenn das gelingt, darf eines der beiden Kinder, bei denen die Kette gebrochen ist, als Gefangener mit zum Kaiser zurückgenommen werden.
Gelingt es nicht, kehrt der betreffende Soldat nicht mehr zum Kaiser zurück. Wenn der Kaiser auf diese Weise alle Soldaten verloren hat, ist die Niederlage perfekt und er muss sein Amt abgeben. Schaffen es seine Soldaten aber, alle Gegner zu Gefangenen zu machen, behält er seine Krone.
Es kann auch so gespielt werden, dass beide Parteien einen Kaiser haben. Dann wird abwechselnd gelaufen. Auch hier verliert ein Kaiser ohne Soldaten.

Figurenwerfen

Mitspieler: 2

Ihr braucht dazu

- *eure Hände*
- *eine Wiese*

Es wird zu zweit gespielt. Das eine Kind ist der Werfer. Der fasst das andere Kind, die Figur, an den Händen und dreht sich mit ihm um die eigene Achse. Dann wird die Figur losgelassen und das Kind verharrt so, wie es auf dem Boden angekommen ist: Die Skulptur ist fertig.
Die Wiese, auf der gespielt wird, sollte einen satten Grasteppich haben, damit die Figur weich fällt.
Übrigens: Ist die Figur ganz mutig, umfasst der Werfer gleichzeitig ein Arm- und ein Fußgelenk.

Fingerhakeln

Mitspieler: 2

Ihr braucht dazu

- *eure Hände*
- *einen Tisch*
- *zwei Stühle*
- *eine Kordel*
- *ein Stück Kreide*

Zwei Kinder sitzen einander gegenüber am Tisch.
Sie stützen eine Hand gegen die Tischkante.
Die Mittelfinger der anderen Hand sind durch eine Kordel miteinander verbunden. In der Mitte ist ein weißer Strich, von dem aus das Ziehen beginnt.
Kann das eine Kind das andere über den Tisch ziehen, hat es gewonnen.

Flieger

Die Kinder stellen sich in zwei Reihen einander zugewandt auf. Dann fassen sie ganz fest die Hände ihres Gegenübers.
Ein Kind legt sich mit dem Bauch auf die ersten Handpaare und streckt die Arme nach vorne. Durch schwingende Bewegungen der Arme werfen die Kinder den Flieger ein wenig in die Luft und nach vorne. So wandert er über die Hände langsam, aber sicher ans Ende der Kette.
Dabei passen alle Kinder in den beiden Reihen sehr gut auf, dass der Flieger sicher weitergeleitet wird und nicht Bekanntschaft mit dem Boden macht!

Mitspieler: 9 +

Ihr braucht dazu
- *eure Hände*
- *eine Wiese*

Hahnenkampf

Zwei Kinder stellen sich einander gegenüber. Sie verschränken die Arme vor der Brust und stellen sich auf ein Bein.
Durch Stoßen mit den verschränkten Armen soll der eine Hahn den anderen umstoßen.
Wer auf dem Boden landet, ist der Unterlegene.

Mitspieler: 2

Ihr braucht dazu
- *eure Hände*
- *eine Wiese*

Kettenziehen

Mitspieler: 6 +

Ihr braucht dazu
- einen Stock
- eine Wiese

Die Kinder bilden zwei gleich starke Gruppen, die einander gegenüberstehen. Jede Gruppe bildet eine Schlange, indem das hintere Kind das vordere mit beiden Händen fest um den Leib gepackt hält.

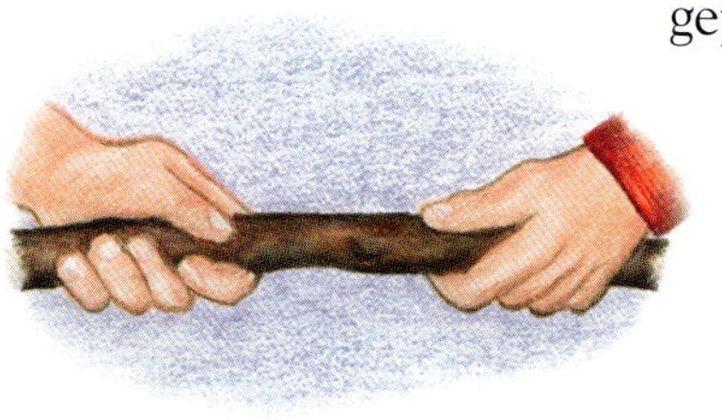

Die beiden vordersten Kinder halten mit beiden Händen den Stock fest. Auf das Startkommando wird kräftig gezogen. Reißt die Kette irgendwo ab, hat die betreffende Gruppe verloren.

Kniekser

Mitspieler: 2 +

Ihr braucht dazu
- eine Wiese oder einen Platz

Die Kinder knien nieder, greifen nach rückwärts und umfassen mit beiden Händen ihre Fußgelenke. So geht es über eine vorher abgesteckte Strecke. Wer gewinnt, ist der „Kniekser“.

Schrubberball

Gespielt wird auf einem glatten Boden. Es werden zwei Gruppen gebildet, die sich auf Stuhlreihen gegenüber sitzen.
In beiden Gruppen bekommt jedes Kind eine Nummer (von eins bis Anzahl der Gruppenmitglieder).
An den beiden Enden des Raumes werden zwei Stühle aufgestellt, die als Tore dienen. In der Mitte liegt ein Scheuertuch, der „Spielball", und die Schrubber lehnen nebeneinander an der Wand.
Ein Kind ruft eine Zahl, z. B. „Drei". Aus beiden Gruppen springen die Kinder mit der Zahl Drei auf und bewaffnen sich mit je einem Schrubber. Daraufhin rennen sie zum Scheuertuch und versuchen es mit dem Schrubber vor sich her zu schieben, wobei der Langsamere dann natürlich versucht, dem anderen den Lappen abzunehmen.
Ziel des Spiels ist es, den „Spielball" ins Tor des Mitspielers zu schieben, d. h. zwischen die vorderen Beine des gegnerischen Stuhls.
Es kann nicht garantiert werden, dass das Scheuertuch nach dem Spiel noch brauchbar ist!

Mitspieler: 6 +

Ihr braucht dazu
- *mindestens zwei Stühle*
- *zwei Schrubber*
- *ein Scheuertuch*
- *einen Raum*

Tauziehen

Mitspieler: 8 +

Ihr braucht dazu

- ein dickes Seil
- einen bunten Faden
- eine Wiese

Am Boden liegt ein Tau, ein dickes Seil, dessen Mitte durch einen festgebundenen bunten Faden gekennzeichnet ist.
Der Mittelpunkt des Seils befindet sich genau über einer in die Erde eingeritzten Grenzlinie.
Die Kinder bilden zwei gleich starke Gruppen, die sich an der Grenzlinie gegenüberstehen. In einer Linie stehen die Kinder einer Gruppe neben dem Seil, jeweils abwechselnd eins rechts und eins links davon.
Bei „Los!“ packen alle an und ziehen so stark sie können. Die Gruppe, der es gelingt, die andere Gruppe mit allen ihren „Anhängern“ über die Mittellinie zu ziehen, hat gewonnen.

Umstoßen

Mitspieler: 2

Ihr braucht dazu

- eine Wiese

Zwei Kinder stehen einander gegenüber. Sie suchen festen Stand und dürfen danach ihre Füße nicht mehr bewegen.

Dann versuchen sie einander umzustoßen, mit den Händen, Armen und Schultern.
Wer den Halt verliert, hat auch das Spiel verloren.

Vorsicht, Pfütze!

Mitspieler: 2 +

Ihr braucht dazu
- *eure Hände*
- *eine Pfütze*

Die Kinder stellen sich um eine Pfütze und halten sich bei den Händen.
Nun versuchen sie den oder die anderen so zu ziehen, dass ein Fuß oder Schuh im Wasser landet.
Wer nass wird, scheidet aus.

Blinzeln

Mitspieler: 9 +

Ihr braucht dazu

- *Stühle*
- *einen Raum*

Die Kinder sitzen im Kreis auf Stühlen; ein Stuhl bleibt unbesetzt.

Hinter jedem Stuhl, auch hinter dem leeren, steht ein Wächter, die Hände auf dem Rücken. Der blinzelt nun heimlich einem der Sitzenden zu und dieser versucht blitzschnell den freien Platz zu besetzen.

Bemerkt sein Wächter jedoch seine Absicht, hält er ihn schnell an den Schultern fest. Ist der Gefangene aber bereits entwischt, muss er sich selbst jemanden herbeiblinzeln.

Die Reise nach Jerusalem

Mitspieler: 6 +

Ihr braucht dazu

- *Stühle*
- *einen Raum*

Quer durch das Zimmer stehen die Stühle in einer Reihe. Lehne und Sitz der Stühle schauen abwechselnd in entgegengesetzter Richtung. Es gibt einen Stuhl weniger als Kinder.

Im Gänsemarsch, die Hände auf dem Rücken, gehen die Kinder um die Stuhlreihe herum. Plötzlich hebt ein Kind den Arm und schreit: „Pause!“ Blitzschnell setzt sich jedes Kind auf einen Stuhl.

Wer zu langsam war und alle Stühle besetzt vorfindet, scheidet aus –

und mit ihm ein Stuhl. Die Reise beginnt von neuem.
So wird die Zahl der Reisenden von Pause zu Pause immer kleiner, bis schließlich nur noch zwei im Laufschritt um den letzten Stuhl kreisen.
Wer den in der letzten Runde ergattern kann, der hat gewonnen.

Fangkreisel

Mitspieler: 5 +

Ihr braucht dazu
- *Zettel und Stifte*
- *einen Kreisel*
- *einen Platz*

Alle Kinder legen Zettel, auf denen ihre Namen geschrieben sind, so auf den Boden, dass ein Kreis entsteht. Das jüngste Kind lässt einen Kreisel über diesen Kreis laufen.
Das Kind, dessen Zettel der Kreisel als Erstes überrollt, ist Fänger und jagt den, dessen Zettel als zweiter überrollt wurde.
Aber die Jagd ist nur so lange eröffnet, bis der Kreisel beim dritten Zettel den neuen Fänger markiert. Der ruft „Ich fang!" und rennt los.
Er fängt nur so lange denselben Gejagten, bis der Kreisel wieder über einen Zettel rollt und der Spieler mit dem zugehörigen Namen „Fang mich!" schreit. Kinder, die gefangen worden sind, setzen sich dort, wo sie gefangen wurden, auf den Boden.
Es entsteht ein Rennen und Setzen, das erst endet, wenn das letzte Kind gefangen ist oder der Kreisel sich nicht mehr dreht.

Herbstblätter

Mitspieler: 2 +

Ihr braucht dazu

- *24 A4-Blätter und einen Würfel*

Die Blätter sind die Felder eures Spielplans – und ihr selbst seid die Spielfiguren. Zuerst malt ihr auf 6 der 24 Blätter

- **ein Herbstblatt:** Es bedeutet: Joker: 3 Felder vor.
- **ein Nest:** Es bedeutet: Vorsicht! 2 Felder zurück.
- **eine Nuss:** Sie bedeutet: Aussetzen und essen.
- **einen Zaun:** Er bedeutet: Drüber springen! Würfele noch einmal.
- **einen Baum:** Er bedeutet: Klettern! Geh auf das Feld hinter dem letzten Kind.
- **eine Blätterkrone:** Sie bedeutet: Königlich! Geh auf das Feld vor dem führenden Kind.

Die Blätter legt ihr mit etwas Abstand nebeneinander auf den Boden. Ihr würfelt reihum und lauft den Würfelaugen entsprechend vom Start (erstes Blatt) in Richtung Ziel (letztes Blatt). Betretet ihr ein Blatt mit Bild, führt ihr die angegebene Aufgabe aus. Wer als Erster im Ziel ist, hat gewonnen.

Kleidertausch

Mitspieler: 6 +

Ihr braucht dazu

- *Stühle*
- *einen Raum*

Zwei Kinder tauschen, nachdem alle anderen die Augen geschlossen haben, Kleidungsstücke – einen Schal, eine Jacke, einen Pullover. Jetzt öffnen die anderen wieder die Augen und müssen herausfinden, wer was getauscht hat.
Oder eine kleine Gruppe von Kindern verkleidet sich. Die anderen schauen sie sich genau an und schließen dann die Augen. Dann tauscht die kleine Gruppe Teile ihrer Verkleidung aus.

Schwierig wird es bei nicht so offensichtlichen Dingen, wie zum Beispiel zwei Brillen austauschen, Schuhe wechseln, Tücher ablegen oder umbinden. Oder ein Kind setzt sich einfach nur anders auf den Stuhl oder hat ein Hosenbein aufgekrempelt, die Beine übereinander geschlagen ...

Mein rechter Platz ist leer

Mitspieler: 6 +

Ihr braucht dazu

- Stühle
- einen Raum

Die Kinder sitzen auf Stühlen im Kreis; ein Platz bleibt frei. Das jüngste Kind sitzt links vom leeren Platz und ruft: „Mein rechter Platz ist leer, ich wünsche mir den Hans hierher!" Schnell setzt sich Hans neben es auf den freien Platz. Nun darf sich das Kind, an dessen rechter Seite der Platz leer geworden ist, einen neuen Nachbarn wünschen.

Kofferpacken

Mitspieler: 4 +

Ihr braucht dazu

- *Stühle*
- *einen Raum*

Ein Kind verlässt den Raum. Die anderen sammeln Begriffe, was in den Koffer gepackt werden soll.

Das Kind kommt wieder herein und soll herausbekommen, für wen der Koffer gepackt wird.

Es fragt reihum, und jeder erzählt, was er in den Koffer einpackt: „Was packst du ein?“

„Ein rotes Kleid.“

„Und du?“

„Eine Puppe.“

„Und ich eine Blockflöte.“

Das Kind ruft: „Ihr packt für mich, oder?“ ...

Löffelspiel

Mitspieler: 6 +

Ihr braucht dazu

- *Löffel*
- *einen Raum*

Die Kinder sitzen im Kreis auf dem Boden. In der Mitte liegt ein Löffel weniger, als es Mitspieler gibt. Ein Kind ist der Erzähler und beginnt eine Geschichte zu erzählen: „Als Tina von der Schule kam, hatte die Mutter das Essen schon fertig. Das konnte Tina leiden: Nicht mal eine Pause zu haben, bevor die Quälerei am Familientisch losging. Also half

sie noch schnell, die letzten Löffel auf den ..." – bei dem Wort „Löffel" versuchen alle einen Löffel aus der Mitte zu greifen.
Das Kind, das keinen Löffel bekommen hat, scheidet mitsamt einem Löffel aus. Wenn der Erzähler im Verlauf der Geschichte wieder das Wort Löffel ausspricht, greifen wieder alle zu.
Eine Variante: Wer keinen Löffel erwischt, muss die Geschichte weitererzählen. So muss kein Kind ausscheiden.

Naseschwarz

Mitspieler: 6 +

Ihr braucht dazu

- Stühle
- einen Raum
- Ofenruß

Zu diesem Spiel benötigt man ein wenig, aber nur ein ganz klein wenig Ofenruß, der einem Kind an den Zeigefinger geschmiert wird, ohne dass die anderen etwas davon wissen.
Nun müssen sich die Kinder gegenseitig die Näschen streicheln. Das Kind, dessen Nase mit dem rußigen Zeigefinger in Berührung kommt, weist nun natürlich ein schwarzes Näschen auf.

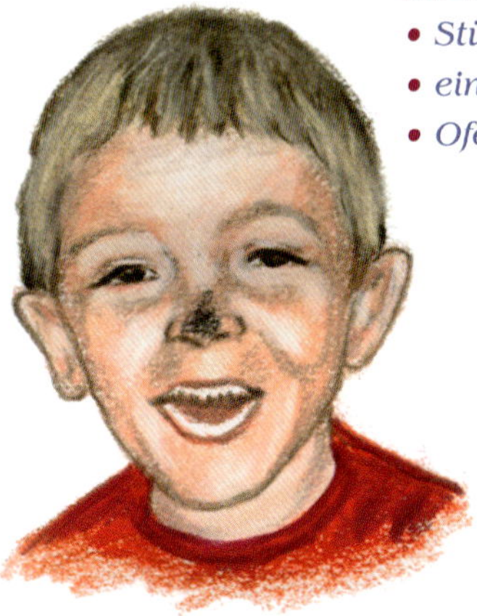

Es sieht die weißen Nasen der anderen, die sich über das „geschwärzte" Kind königlich amüsieren, und weiß gar nicht, warum alle so lustig sind.

Apfellauf

Mitspieler: 2 +

Ihr braucht dazu

- *Äpfel*
- *ein Seil oder Zweige*
- *eine Wiese*

Etwa 20 Schritte sind es bis zum Ziel, das mit einem Seil oder mit Zweigen gekennzeichnet ist.
Jedes Kind balanciert einen Apfel auf dem Kopf und versucht so als Erstes das Ziel zu erreichen.
Wer den Apfel fallen lässt, hat Pech gehabt und muss noch einmal zur Startlinie zurück.

Bockspringen

Mitspieler: 3 +

Ihr braucht dazu

- *eine Wiese*

Die Kinder stellen sich im Abstand von etwa zwei Schritten in einer Reihe hintereinander auf, und zwar so, dass jedes Kind auf den Rücken des vor ihm Stehenden schaut.
Dann beugen sich alle nach vorne. Das erste Kind springt mit gespreizten Beinen über den gebeugten Rücken des vor ihm stehenden Kindes, dann des nächsten und so fort.
Am Ende der Reihe angelangt, stellt es sich wieder so auf wie die anderen.

Einbein

Jedes Kind hat einen Fuß mit der Hand gefasst. Auf das Startkommando hin hüpfen alle einbeinig so schnell wie möglich zum mit Zweigen gekennzeichneten Ziel.
Wer loslässt, muss zur Startlinie zurück und noch einmal beginnen. Wer umkippt, muss wieder aufstehen. Und wer als Erster am Ziel ist, wird zum einbeinigen König gekrönt.

Mitspieler: 2 +

Ihr braucht dazu

- *ein Seil oder Zweige*
- *eine Wiese*

Feuer, Erde, Wasser, Luft

Die Kinder laufen im Zimmer herum. Das jüngste Kind ruft: „Feuer!" So schnell wie möglich suchen die Spieler unter einem Tisch oder Stuhl Schutz.
Sind alle „in Sicherheit", geht das Laufen von neuem los. Jetzt ruft das nächste Kind: „Erde!" und alle müssen sich flach auf den Boden legen.
Kommt als Nächstes der Ruf: „Wasser!", springen alle auf einen Stuhl, Tisch, Kasten oder anderen hohen Gegenstand, um vor den anschwellenden Wassermassen Schutz zu finden.
Wird dann als Letztes „Luft!" gerufen, kommen alle so schnell wie möglich in der Mitte zusammen und das kleinste Kind wird auf die Arme der anderen genommen und vorsichtig in die Luft geworfen.

Mitspieler: 4 +

Ihr braucht dazu

- *einen Raum*

Hängebein

Mitspieler: 6

Ihr braucht dazu

- *eine Wiese*

Je drei Kinder tun sich zusammen. Zwei fassen sich bei den Händen, das dritte Kind tritt hinter die beiden, hängt von hinten ein Bein über die Hände der anderen und stützt sich mit den Händen auf deren Schultern. So hoppeln sie zum Ziel.

Hinkfuß

Mitspieler: 4 +

Ihr braucht dazu

- *Kordel oder Tücher*
- *Steine*
- *eine Wiese*

Je zwei Kinder bilden ein Paar. Sie stellen sich nebeneinander. Dann werden die beiden inneren Beine mit Kordel oder einem Tuch an den Knöcheln zusammengebunden.

Auf ein Startzeichen hin laufen die Paare zum mit Steinen gekennzeichneten Ziel und wieder zurück. Es wird wohl mehr ein Hinken werden.

Das Paar, das zuerst ohne größere Schwierigkeiten wieder an den Start zurückgekehrt ist, darf sich das nächste Spiel aussuchen.

Kartoffellaufen

Es werden doppelt so viele Stühle wie Mitspieler gebraucht. Die Stühle werden in zwei Reihen einander gegenüber aufgestellt, möglichst durch die ganze Zimmerbreite voneinander getrennt.

Auf die Sitze der einen Reihe werden je fünf kleine bis mittelgroße Kartoffeln gelegt. Jeder Spieler erhält einen Suppenlöffel.

Auf das Kommando »Los!« laufen die Spieler zu ihren Stühlen und versuchen möglichst schnell eine Kartoffel auf ihren Löffel zu laden. Die Finger dürfen nicht nachhelfen!
Jeder läuft mit seinem vollen Löffel zur gegenüberstehenden Stuhlreihe, legt die Kartoffel auf dem leeren Sitz »seines« Stuhls ab, macht wieder kehrt, holt die zweite Kartoffel und so fort, bis alle fünf Kartoffeln herübergebracht worden sind.

Mitspieler: 6 +

Ihr braucht dazu

- Stühle
- Löffel
- Kartoffeln
- einen großen Raum

Kleiderstaffel

Mitspieler: 6 +

Ihr braucht dazu

- *Mantel, Schal, Mütze und Handschuhe*

Die Kinder werden in zwei gleich große Gruppen aufgeteilt. Das jeweils erste Kind bekommt nun einen Mantel, einen Schal, eine Mütze und vielleicht noch Handschuhe hingelegt. Auf Kommando müssen sie alles anziehen und dann eine vorgeschriebene Strecke laufen, bis sie die Sachen vor dem Nächsten ablegen, das dann wiederum alles anziehen muss, um die Strecke laufen zu können.

Die Mannschaft, die zuerst damit durch ist, hat natürlich gewonnen.

Die Strecke darf selbstverständlich auch gerne noch ein bisschen schwieriger gestaltet werden.

Knoten im Bein

Mitspieler: 2 +

Ihr braucht dazu

- *gar nichts*

Jeweils zwei Kinder treten gegeneinander an. Es geht darum, eine vorher ausgemachte Strecke hinter sich zu bringen und als Erstes ins Ziel zu kommen.

Die Laufart ist nur etwas schwierig, denn die Laufenden dürfen sich nur fortbewegen, indem ein Bein hinter dem anderen herum nach vorne gestellt wird.

Krokodil

Mitspieler: 4 +

Ihr braucht dazu

- *gar nichts*

Zwei Kinder im Liegestütz, die Köpfe jedoch in entgegengesetzter Richtung. Das eine schiebt sich mit gegrätschten Beinen über das andere. Dieses verschränkt seine Füße auf dessen Rücken (hier müssen die anderen helfen) und fasst mit den Händen dessen Fußgelenke. Das oben liegende Kind krabbelt los.

Mutter, wie viel Schritte darf ich reisen?

Mitspieler: 5 +

Ihr braucht dazu

- *gar nichts*

Ein Kind als „Mutter“ stellt sich mit dem Rücken zu ihren Kindern, zehn bis zwölf Schritte von ihnen entfernt. Nun fragt ein Kind, am besten mit verstellter Stimme: „Mutter, wie viel Schritte darf ich reisen?“
Die Mutter nennt die Anzahl der Schritte, die dieses Kind in ihre Richtung machen darf, höchstens drei. Sie versucht sich zu merken, wie weit jedes Kind von ihr entfernt ist. Den Kindern, die am weitesten vorne sind, gibt sie nur wenige Schritte.
Wer die Mutter zuerst erreicht hat und ihr leicht auf die Schulter klopfen kann, darf im nächsten Spiel Mutter sein.

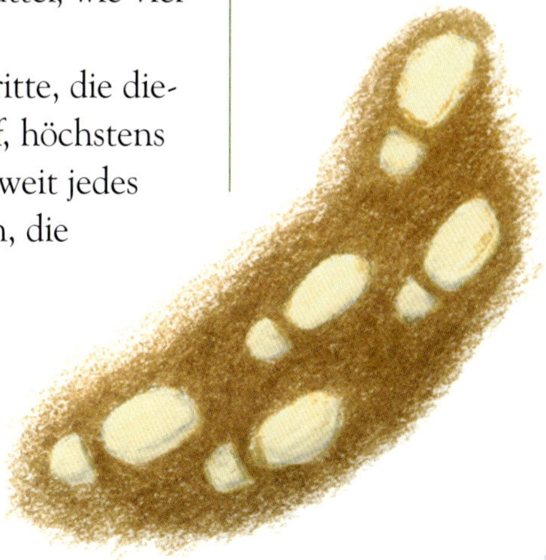

Pferdchen hopp!

Mitspieler: 6 +

Ihr braucht dazu

- *gar nichts*

Je drei Kinder gehören zusammen. Zwei stellen sich hintereinander, das erste steht aufrecht und hält die Hände hinter dem Rücken so nebeneinander, dass das andere Kind seinen Kopf hineinlegen kann. Es hält sich mit den Händen an den Hüften des vorderen Kindes fest. Das dritte Kind klettert auf den gebeugten Rücken des „Pferdchens“, und schon geht die wilde Jagd los.

Rücklauf

Mitspieler: 6 +

Ihr braucht dazu

- *gar nichts*

Je drei Spieler fassen sich an, doch so, dass der mittlere mit dem Rücken zur Laufrichtung steht. Wer loslässt, scheidet aus.

Kalter Wind

Mitspieler: 8 +

Ihr braucht dazu

- *eine Mütze*

Ein Kind ist der „kalte Wind“. Alle krabbeln auf allen Vieren durch den Raum. Der Wind krabbelt auch und versucht, ein anderes Kind am Fuß zu berühren. Ein so berührtes Kind darf sich nicht mehr von der Stelle bewegen und zittert, schließlich hat es der kalte Wind erwischt. Ein anderes Kind darf helfen, die Mütze holen, die irgendwo auf dem Boden liegt, und sie dem Zitternden aufsetzen, ihn so wärmen. Er darf dann weiterkrabbeln und wirft die Mütze weg. Wenn der Wind alle Kinder zum Zittern gebracht hat, übernimmt ein anderes Kind seine Rolle und alle krabbeln wieder los. Immer schön auf allen Vieren!

Schafe hüten

Mitspieler: 6 +

Ihr braucht dazu

- *eine Wiese*

Die Kinder bilden eine Kette, die sich an den Schultern festhält. Das vorderste Kind ist der Hirte, die hinter ihm sind die Schafe. Der Wolf, ein einzelnes Kind, versucht das jeweils letzte Schaf zu schlagen. Natürlich soll er vom Hirten daran gehindert werden!

Sackhüpfen

Mitspieler: 2 +

Ihr braucht dazu

- *eine Wiese*
- *Leinensäcke*

Die Wettläufer stecken in einem Sack, der unter oder – noch schwieriger – über den Armen zusammengebunden ist. Auf ein Zeichen hüpfen alle so schnell wie möglich zum Wendepunkt und zurück.

Schlängeln

Mitspieler: 6 +

Ihr braucht dazu

- *eine Wiese*

Alle Kinder stellen sich hintereinander auf. Die Hinteren haben die Vorderen um die Hüften gefasst.
Das erste Kind als Schlangenkopf läuft los und versucht den eigenen Schwanz zu packen. Ist das gelungen, wird das zweite Kind in der Schlange zum Kopf.

Schubkarre

Mitspieler: 2 +

Ihr braucht dazu

- *eine Wiese*

Ein Kind stützt seine Hände auf den Boden, das andere Kind fasst dessen Knöchel, und schon ist die Schubkarre fertig. Am meisten Spaß macht es natürlich, mit den anderen Kindern ein Schubkarrenrennen zu veranstalten.

Tausendfüßler

Mitspieler: 6 +

Ihr braucht dazu

- einen Raum

Zwei Reihen von Kindern, die auf allen Vieren vorankriechen. Die Hände halten jeweils die Fußgelenke des Vormannes umfasst, die Knie berühren den Boden nicht.
So tappen die beiden Tausendfüßler um die Wette zum Ziel.

Verknüpft

Mitspieler: 8 +

Ihr braucht dazu

- einen Knopf pro Mannschaft

Zwei Mannschaften mit gleicher Spielerzahl stehen einander gegenüber, die Kinder einer Mannschaft nebeneinander.
Der jeweils Erste bekommt einen Knopf auf die Kuppe des Zeigefingers gelegt. Der Zweite drückt seine Zeigefingerkuppe auf den Knopf; das Ganze wird nun herumgedreht und soll auf der Kuppe des Zweiten liegen bleiben.
Der gibt den Knopf dann auf die gleiche Weise an den Dritten weiter. So wandert der Knopf bis zum Ende der Reihe und wieder zurück.
Wessen Knopf ist am schnellsten wieder am Ausgangspunkt gelandet?
Das Ganze kann auch mit flachen kleinen Kieseln gespielt werden.

Drei zu eins

Mitspieler: 2 +

Ihr braucht dazu

- *eine Streichholzschachtel*

Peter sagt: „Ich wette, dass niemand diese leere Streichholzschachtel mit drei Schlägen zertrümmern kann.“ Petra grinst und haut die Schachtel mit einem einzigen Hieb platt. Schon hat Peter die Wette gewonnen. Immerhin hieß es ja: „mit drei Schlägen“.

Faule Wette

Mitspieler: 2 +

Ihr braucht dazu

- *gar nichts*

Susi sagt zu Sarah: „Ich gehe jede Wette ein, dass du es nicht fertig bringst, auf drei Fragen dreimal mit ja zu antworten.“ Sicher wird Sarah antworten, natürlich könne sie das, und auf die Wette eingehen.
Darauf stellt Susi ihrer Freundin zwei beliebige Fragen, auf die sie leicht mit „ja“ antworten kann. Dann aber fragt Susi: „Gibst du zu, dass du die Wette verloren hast?“ Darauf kann Sarah nur verneinend antworten, und Susi hat die Wette gewonnen.

Getränk gratis

Mitspieler: 2 +

Ihr braucht dazu

- *ein 5 - Cent - Stück*

Hanne sagt zu Jakob, er solle fünf Cent auf den Tisch legen und tut dasselbe.
Sie meint: „Ich wette mit dir um diese fünf Cent, dass ich dein Glas austrinke, ohne es überhaupt nur zu berühren. Ich darf auch keinen Strohhalm oder eine andere Hilfe benutzen – nur hier sitzen und das Glas austrinken.“ Das geht gar nicht, denkt sich Jakob und stimmt zu. Also trinkt Hanne sein Glas aus und gibt ihm das Geld. Die Wette hat er ja schließlich gewonnen – nur nichts mehr zu trinken!

Hellseher

Mitspieler: 2 +

Ihr braucht dazu

- *einen Zettel*
- *einen Stift*

Felix behauptet: „Ich bin Hellseher. Soll ich es beweisen?“ Bestimmt wird mindestens einer seiner Freunde an dieser Behauptung zweifeln.
Felix lässt ihn darauf etwas auf einen Zettel schreiben, diesen zusammenfalten und auf den Fußboden legen und gibt danach ein paar alberne Anweisungen wie „Jacke ausziehen!“, „Die Hände zur Decke strecken!“ und mehr.
Die beiden letzten Anweisungen lauten: „Mach eine Kniebeuge über dem Zettel! Sehr gut! Und nun hüpf mit dem rechten Bein auf deinen Zettel!“
Hat er das getan, sagt Felix: „Jetzt weiß ich, was auf deinem Zettel steht: dein rechtes Bein.“

Münzen

Mitspieler: 2 +

Ihr braucht dazu

- *4 Münzen*

Leon kann mit seiner feinen Nase, behauptet er, riechen, welche der vier Münzen, die auf dem Tisch liegen, angefasst wurde.
Er dreht sich weg, um nichts zu sehen, und Lotti nimmt ein Geldstück in die Hand. Sie soll es nur ein Weilchen fest in ihrer Faust halten, „damit es den Geruch annimmt". Danach legt sie es wieder auf den gleichen Platz zurück.
Leon schnüffelt ein wenig an den Münzen herum und hat schnell die gesuchte entdeckt – sie ist nämlich in Lottis Hand warm geworden!

Schwarze Kunst

Mitspieler: 2

Ihr braucht dazu

- *einen Teller*
- *zwei Stühle*
- *eine Kerze*

Oskar, der dieses Spiel kennt, wählt Larissa aus. Die beiden setzen sich gegenüber und Oskar erklärt, er werde ihr in kürzester Zeit die schwarze Kunst beibringen. Sie müsse ihm aber während des kurzen Zauberunterrichtes starr in die Augen sehen und alle magischen Bewegungen, die er ausführen werde, möglichst genau nachmachen.
Beide bekommen nun Teller; der von Larissa ist allerdings unten drunter mit einer Kerze rußgeschwärzt! Oskar beginnt seine magischen Bewegungen. Er murmelt unverständliche Worte und fährt dabei mit dem Finger kreisend unter dem Teller entlang. Dann

malt er sich magische Zeichen auf die Stirn, die Nase und die Wangen.
Larissa macht ihm alles nach, ohne zu ahnen, dass ihr Finger schwarz ist und sie sich mit Ruß beschmiert.

Schwarze Magie

Mitspieler: 3 +

Ihr braucht dazu
- *gar nichts*

Der Magier und sein Gehilfe – der natürlich eingeweiht ist – erklären, sie wollten eine kleine Kostprobe der schwarzen Kunst darbieten.
Während der Gehilfe draußen wartet, einigen sich die Kinder auf einen Gegenstand, der erraten werden soll, nehmen wir als Beispiel die Stehlampe. Wenn der Gehilfe wieder hereingekommen ist, fragt ihn der Magier nach allen möglichen Dingen:
„Ist es der Teppich?" – „Nein."
„Der Uhrzeiger?" – „Nein."
„Die Stehlampe?" – „Ja!"
– denn der davor genannte Gegenstand war schwarz! Ob die anderen Kinder den Trick herausfinden?

Sieben siegt

Mitspieler: 2 +

Ihr braucht dazu

- *30 Streichhölzer*

Die Hölzer liegen auf dem Tisch. Beide Kinder nehmen abwechselnd eine beliebige Anzahl von Zündhölzern weg, nie aber mehr als sechs. Wer die letzten Zündhölzer vom Tisch nimmt, hat gewonnen.

Paul wettet, dass Anna verlieren wird! Beginnt Paul mit dem Nehmen, nimmt er nur zwei. Also bleiben 28 Hölzer übrig. Diese Zahl ist durch 7 teilbar, und darauf kommt es an. Wie viele Zündhölzer nun auch immer Anna wegnimmt, Paul nimmt so viele, dass es zusammen immer 7 sind.

Fängt aber Anna an, dann sorgt Paul dafür, dass er danach die Siebenerregel einhält.

Stühleriechen

Mitspieler: 2 +

Ihr braucht dazu

- *3 oder 4 Stühle*

Die Stühle werden in einer Reihe nebeneinander aufgestellt. Philipp erklärt, sein Helfer Georg könne erraten, auf welchem Stuhl ein Kind gesessen habe. Während Georg vor der Tür wartet, setzt sich Katharina schnell auf den ersten Stuhl. „Georg, komm rein!“, ruft Philipp. Der kommt herein, schnuppert ein wenig an den

Stühlen und zeigt dann auf den richtigen: „Der da war's."
Die beiden haben sich vorher unauffällig über die Reihenfolge der Stühle geeinigt. Es kommt jetzt nur noch darauf an, wie Philipp Georg hereinruft: Ruft er nur ein Wort, also zum Beispiel „Komm!", ist der erste Stuhl gemeint.
Bei „Komm rein!" geht es um den zweiten Stuhl. „Nun komm schon!" hat drei Wörter, also ist der dritte Stuhl gemeint!

Taschenspieler

„Stefan, gib mir mal eine Münze", sagt Marco. „Ich lege meinen Hut drüber und zaubere ihn in meine Tasche, ohne den Hut zu berühren!" Gesagt, getan. Marco ruft: „Hinweg mit dir! Jetzt ist er verschwunden, sieh nach!" Als Stefan den Hut hebt, steckt Marco das Geldstück schnell in die Tasche: „So, jetzt ist er in meiner Tasche. Hab ich den Hut berührt?"

Mitspieler: 2 +

Ihr braucht dazu
- *eine Münze*
- *einen Hut*

Tischklopfen

Mitspieler: 2 +

Ihr braucht dazu

- *einen Tisch*

„Ich wette mit dir, dass du, unter dem Tisch sitzend, es nicht aushältst, wenn ich dreimal leicht mit dem Knöchel auf die Tischplatte klopfe. Ich mache da keine dummen Tricks wie treten, ich klopfe nur dreimal ganz leicht auf den Tisch. Wollen wir wetten?"

Wenn Johanna Eric endlich zur Wette überredet hat und er unter dem Tisch sitzt, dann klopft sie mit dem Knöchel leicht auf die Tischplatte – einmal, noch einmal – dann Pause. Das dritte Mal klopft sie nicht. Wetten, dass Eric bald unter dem Tisch hervorkrabbelt und die Wette verloren gibt? Er hält es nicht aus, auf das dritte Klopfen zu warten!

Wettentrio

Erste Wette:
Die Kinder sitzen im Kreis. Patrick sagt: „Wer wettet mit mir, dass ich jetzt etwas anfasse, das alle Mitspieler sehen können, nur einer nicht?“ Marlon, der auf diese Wette eingeht, wird in den Kreis geführt und Patrick fasst ihn bei einer Haarsträhne oder beim Ohrläppchen!

Mitspieler: 2 +

Ihr braucht dazu

- eine Nuss
- ein Stück Kreide

Zweite Wette:
„Ich wette, dass ich euch jetzt etwas zeigen kann, was keiner von uns je zuvor gesehen hat noch je wieder sehen wird!“
Patrick nimmt eine Nuss, knackt sie auf, zeigt den Kern und verspeist ihn.

Dritte Wette:
„Ich stelle mich in die Zimmermitte, ziehe einen Kreis mit Kreide um mich und wette, dass ich jede der vier Zimmerecken berühren kann, ohne aus dem Kreis zu treten!“
Die Wette gewinnt Patrick: Er malt mit der Kreide einen Kreis so um sich herum, dass sich der auf seiner Jacke befindet. Aus dem Kreis braucht er nicht herauszutreten. Der Kreis läuft nun immer mit, wenn er die vier Ecken berührt.

Berufe raten

Mitspieler: 3 +
Ihr braucht dazu
- *gar nichts*

Ein Kind denkt sich einen Beruf aus. Entweder es macht diesen zu erratenden Beruf durch Pantomime deutlich, darf also nicht sprechen, sondern sich nur bewegen und die Miene spielen lassen. Oder es sagt etwas, das zu diesem Beruf passt.
Dann raten die anderen Kinder reihum. Ist der Beruf noch nicht erraten, legt das Kind eine weitere Spur. Wer den Beruf errät, darf sich einen neuen ausdenken.

Die Reise nach Alaska

Mitspieler: 3 +
Ihr braucht dazu
- *gar nichts*

Eines der schönsten Spiele mit fast unendlichen Variationsmöglichkeiten ist die Reise nach Alaska – nicht zu verwechseln mit der nach Jerusalem!
Die Kinder sitzen gemütlich in einer Runde. Einer erklärt die Aufgabe: Jeder soll auf die Reise nach Alaska etwas mitnehmen. Dabei gibt es aber eine Regel, die man erst herausfinden muss, sonst wird nichts aus der Reise! Kennen sich alle in der Runde, ist das erste Spiel meist das mit dem Anfangsbuchstaben des Vornamens.

Also: Wer mitfahren will, muss etwas mitnehmen, dessen Anfangsbuchstabe dem des eigenen Namens entspricht.
Ich, Hans, darf also mit, wenn ich einen Hasen, eine Hortensie, meinen Hut mitnehme.
Ulla und Ulli dürfen mit, wenn sie eine U-Bahn, eine Unterhose, ein UFO mitnehmen.
Haben alle die Regel herausgefunden (nach vier, fünf Runden sollte man die Sache so deutlich wie möglich machen, sonst entstehen Längen), dann sind sie natürlich erst einmal auf Buchstaben und Ähnliches fixiert. Dann spielt man am besten die zweite Runde mit einer ganz anderen Regel, etwa: Man muss sich vor der Nennung des Gegenstandes am Kopf kratzen, die Nase hochziehen, mit der Hand das Gesicht abstützen – oder: Alles, das klettern kann usw.

Der Tastsack

Mitspieler: 3 +

Ihr braucht dazu

- *einen Beutel mit verschiedenen Gegenständen*

Im Sack, der am besten von Mutter gepackt worden ist, befinden sich die unterschiedlichsten Gegenstände.
Ein Kind nach dem anderen bekommt den Sack, sucht sich tastend einen Gegenstand aus und muss ihn erkennen. Schafft es das, darf es ihn an sich nehmen.
Sind alle Gegenstände verteilt, hat das Kind mit den meisten gewonnen.

Otto

Mitspieler: 4 +

Ihr braucht dazu

- *gar nichts*

Ein Spiel zum Denken. Versucht doch mal die Regel herauszufinden, die dahinter steckt.

Also:

Otto wäscht sich nie, aber er liebt Wasser über alles.
Otto hat nie Geld, er macht aber immer Kasse.
Otto isst nie, ist aber immer satt.
Otto hasst den Ozean, liebt aber das Meer und die See über alle Maßen.
Otto mag kein Eis, aber Schnee.
Otto hat keinen Mut, ist aber Fallschirmspringer.
Otto fürchtet sich vor Mäusen und hat Ratten ins Herz geschlossen.
Otto kann mit Seilen nicht umgehen, ist aber Lassowerfer.

Na, habt ihr schon eine Spur? Nein?
Achtet mal darauf, was Ottos Vorlieben gemeinsam haben. Noch einen kleinen Nachschlag? Na gut:

Otto spielt nie Toto, aber jede Woche Lotto.
Otto mag keine Klauen, aber Krallen.
Otto mag keine Klaviere oder Orgeln, aber Spinett und Gitarre.
Otto hat's nicht gerne weich, lieber in Watte gepackt ...

Teekesselchen

Mitspieler: 4 +

Ihr braucht dazu

- *gar nichts*

Lisa und Donata verlassen den Raum und denken sich einen Begriff aus, der in der deutschen Sprache zwei Bedeutungen besitzt. Beispiele dafür sind
– der TON (das Geräusch und das Material)
– der TOR (Narr) und das TOR (Pforte, Fußballtor ...)
Die Mädchen kommen wieder herein und berichten von ihren Begriffen: Lisa sagt: „Mein Teekesselchen hat etwas mit Hören zu tun.“, und Donata: „Mein Teekesselchen kann man formen!“ Das geht so weiter, bis ein Kind auf „Ton“ kommt. Es darf dann mit einem anderen Kind den Raum verlassen und sich ein neues Teekesselchen ausdenken.
Wir haben hier eine Menge von Begriffen gesammelt, die zwei, drei und manchmal sogar vier Bedeutungen haben. Knobelt schön – ihr müsst ja nicht gleich heute alle 60 lösen! Und manche sind ganz schön schwer ...

1. Fanggerät – Türhalter
2. Berufstand – Spielfigur - Käfig
3. Glühkörper – Obst
4. Holzstück – Spielunterlage
5. Fluggerät – Fabeltier
6. Stoffschicht – Nahrung
7. Licht – Turnübung – Motorteil
8. Mundwerk – Öffnung
9. Anhängliches Wesen – Pflanzenfrucht
10. Abzeichen – Rechenzeichen – Spielkartenfarbe

11. Fußbodenbelag – Sportler
12. Mahlvorrichtung – Brettspiel
13. Beurteilung – Papiergeld – Tonzeichen
14. Übergang – Ausweis – Fußballbegriff
15. Tupfer – Notenzeichen – Satzzeichen
16. Markierungsklammer – Sportler
17. Gitter – Metallschaden
18. Textteil – Serie – Rückstand
19. Unbehagen – Niederschlag
20. Wegweiser – Schutz
21. Flexibles Rohr – Anstrengung
22. Knochen – Radteil
23. Stab – Etage – Traubenpflanze
24. Treffer – Narr – Eingang
25. Inhalation – Fahrzeug – Luftbewegung
26. Batterieteil – Einheit – Haftplatz
27. Bergwerk – Gebäck – Schuhteil
28. Fruchtknoten – Beglaubigung
29. Eisstück – Fisch – Erdrindenteil
30. Anstehende – Tier
31. Knieteil – Brotstück – Fensterteil – Schallplatte
32. Geschichtlicher Mensch – Weinglas
33. Straßenbelag – Verband
34. Zeitung – Stimme – Körperteil
35. Fingerteil – Stift
36. Ruhm – Symbol – Gewürz
37. Optisches Teil – Nahrung
38. Schnittpunkt – Züchtung
39. Brummschädel – Haustier
40. Tier – Leitungsstück
41. Zwirn – Seefahrtsmaß
42. Elegante Frau – Spielkarte – Spiel
43. Teppich – Bauwerk – Turnübung

44. Teil eines Schlagzeuges – Reinigungsgerät
45. Körperteil – mittellos
46. Spion – Versicherer
47. Weide – Quälender Traum
48. Clique – Zarte Beziehung – Billardtischteile
49. Insekt – Wunde – Gebäck
50. Besitz – Fußfläche – Hausoberraum
51. Kasus – Sturz
52. Satzzeichen – Befestigungsmittel
53. Münze – Baumteil – Hoheitszeichen
54. Fahnenhalter – Fütterung
55. Nähutensil – Pflanzenteil
56. Huftier – Turngerät
57. Sportgerät – Boxkampfplatz – Schmuck
58. Fessel – Glocke – Befestigung
59. Sportler – Spülungsteil
60. Nacktheit – Teil eines Bühnenstückes

Auflösungen:

1 Angel, **2** Bauer, **3** Birne, **4** Brett, **5** Drachen, **6** Futter, **7** Kerze, **8** Klappe, **9** Klette, **10** Kreuz, **11** Läufer, **12** Mühle, **13** Note, **14** Pass, **15** Punkt, **16** Reiter, **17** Rost, **18** Satz, **19** Schauer, **20** Schild, **21** Schlauch, **22** Speiche, **23** Stock, **24** Tor, **25** Zug, **26** Zelle, **27** Stollen, **28** Stempel, **29** Scholle, **30** Schlange, **31** Scheibe, **32** Römer, **33** Pflaster, **34** Organ, **35** Nagel, **36** Lorbeer, **37** Linse, **38** Kreuzung, **39** Kater, **40** Hahn, **41** Faden, **42** Dame, **43** Brücke, **44** Besen, **45** Arm, **46** Agent, **47** Alp, **48** Bande, **49** Bienenstich, **50** Boden, **51** Fall, **52** Klammer, **53** Krone, **54** Mast, **55** Nadel, **56** Pferd, **57** Ring, **58** Schelle, **59** Schwimmer, **60** Akt.

An die Wand

Mitspieler: 3 +

Ihr braucht dazu
- *pro Kind einen Reifen*
- *eine Wand*

Die Kinder stehen im Abstand von etwa fünf Metern (bei einiger Übung auch weiter) vor einer Wand.
Die Reifen werden nun nacheinander an die Wand gerollt. Jedes Kind versucht seinen Reifen so zu rollen, dass er möglichst nahe an der Wand liegen bleibt.
Oder als Variante:
Ein Reifen ist besonders gekennzeichnet und auch aus einiger Entfernung erkennbar. Ein Kind rollt diesen Reifen, so weit es kann.
Die anderen rollen nacheinander ihren Reifen und versuchen dabei so nahe wie möglich an den zuerst geworfenen Reifen zu kommen. Übereinander liegende Reifen werden auch gewertet.

Fang mich

Mitspieler: 3 +

Ihr braucht dazu
- *pro Kind einen Reifen*
- *eine Wiese*
- *Zweige oder Steine*

Auf dem 30 mal 30 Schritte großen, durch Steine begrenzten Spielfeld beginnt Georg als Fänger.
Er nimmt einen Reifen und versucht diesen einem anderen Kind überzustülpen.
Wer so im Reifen gefangen ist, nimmt ihn in die Hand und fängt weiter. Georg holt sich einen neuen Reifen und fängt ebenfalls.
Erst wenn alle Kinder gefangen sind, ist das Spiel zu Ende.

Durch die Tore

Je zwei Stöcke werden so nebeneinander in die Erde gesteckt, dass sich ein etwa einen Schritt breites Tor ergibt. Fünf bis zehn solcher Tore werden auf der Wiese angelegt.
Marius startet vor dem ersten Tor und versucht seinen Reifen mit den Händen so zu rollen, dass dieser zwischen den Stöcken hindurch bis über das letzte Tor hinausfindet. Dann ist Philipp an der Reihe.
Beim nächsten Durchgang müssen die Reifen mit einem Stock geführt werden; der Einsatz der Hände ist nicht erlaubt.

Mitspieler: 2 +

Ihr braucht dazu

- *pro Kind einen Reifen*
- *Stöcke*
- *eine Wiese*

Mauseloch

Mitspieler: 4

Ihr braucht dazu

- *pro zwei Kinder einen Reifen*

Immer zwei Kinder wohnen als „Mäuse" in einem Reifen, der als Mauseloch fungiert. Eine Maus ist übrig. Sie hat kein eigenes Loch und ist auf der Flucht vor der Katze, die um die Reifen herumläuft und versucht, diese Maus zu fangen.

Ist die Maus erschöpft, springt sie in einen Reifen und klopft einer der beiden Mäuse dort auf die Schulter. Diese Maus rennt aus dem Reifen heraus und muss nun versuchen, nicht von der Katze erwischt zu werden. Wen die Katze erwischt, der wird selbst zur Katze.

Panik

Mitspieler: 3 +

Ihr braucht dazu

- *pro Kind einen Reifen*
- *eine Wiese*

Ein Kind ist der Jäger. Die anderen laufen vor ihm weg, müssen jedoch dabei ständig durch ihre Reifen springen.

Hat der Jäger ein Kind erreicht, werden die Rollen getauscht und der Jäger springt mit dem Reifen weiter.

Reifenball

Zwei Kinder stehen im Abstand von etwa sechs Schritten einander gegenüber und werfen sich einen Ball zu. Ein Kind steht in der Mitte und soll den Ball durch seinen Reifen fliegen lassen.

Ist ihm das gelungen, hat es gewonnen und tauscht seine Position mit dem Werfer des Balles.

Mitspieler: 3 +

Ihr braucht dazu

- *pro Kind einen Reifen*
- *einen Ball*
- *einen Platz*

Reifenstaffel

Die Kinder stehen, aufgeteilt in zwei gleich großen Reihen, Schulter an Schulter nebeneinander. Jeder Spieler stellt seinen Reifen links neben sich auf den Boden und hält ihn mit einer Hand fest.

Auf ein Startzeichen gibt Eric, der letzte Spieler in der Reihe, seinen Reifen an Rolf, den Vordermann, weiter und kriecht durch die anderen Reifen ganz nach vorne. Dort kann er sich an die Spitze der Reihe stellen.

Wenn Eric seinen Reifen wieder in der Hand hält, ruft er „Fertig!“ und Rolf kriecht vom anderen Ende der Reihe durch die Reifen. Wenn Eric wieder das Ende der Reihe bildet, ist die Staffel beendet. Die Gruppe, der das am schnellsten gelingt, hat gewonnen.

Mitspieler: 6 +

Ihr braucht dazu

- *pro Kind einen Reifen*
- *eine Wiese*

Rollreifen

Mitspieler: 3 +

Ihr braucht dazu

- *pro Kind einen Reifen*
- *bunte Fäden*
- *eine Wiese*

Alle Kinder binden einen bunten Faden an ihren Reifen und stellen sich nebeneinander an einer Seite der Wiese oder des großen Platzes auf.

Auf ein Startkommando rollen sie ihren Reifen möglichst weit in die Ferne. Dann läuft jeder so schnell wie möglich zu seinem Reifen und rollt ihn von dort, wo dieser liegt, weiter.

Dreimal darf jeder Reifen gerollt werden. Wessen Spielgerät dann am weitesten gekommen ist, der hat gewonnen. Von dort aus beginnen alle wieder von neuem und rollen ihre Reifen zurück.

Stockreifen

Mitspieler: 1 +

Ihr braucht dazu

- *einen Reifen*
- *einen Stock*

Das Kind spielt allein oder gegen andere Kinder.

Es treibt den Reifen mit einem kurzen Stock über eine Wiese oder eine Hindernisstrecke. Dabei darf der Reifen nicht mit den Händen berührt werden. Wenn er umfällt, muss er mit dem Stock wieder aufgerichtet und weitergetrieben werden.

Stöcke treffen

Ein paar Stöcke werden in die Erde gesteckt. Die Kinder versuchen nacheinander, möglichst viele Reifen so zu werfen, dass sie über den Stöcken zu Boden fallen.
Wer will, kann diese mit verschiedenen Punktzahlen versehen. Je weiter der getroffene Stock weg ist, umso mehr Punkte sind zu gewinnen.

Anstelle von Stöcken können auch große Steine oder Schachteln genommen werden.
Und umgekehrt funktioniert das Spiel auch:
In Reifen, die in unterschiedlicher Entfernung liegen, werden Bälle gerollt oder Steine geworfen.

Mitspieler: 3 +

Ihr braucht dazu

- *drei oder mehr Reifen*
- *eine Wiese*
- *fünf Stöcke*
- *andere Materialien*

Stülpen

Mitspieler: 3 +

Ihr braucht dazu

- *drei oder mehr Reifen*

Alle Reifen liegen aufeinander gestapelt neben Peter. Dieser stülpt den ersten Reifen über seinen Kopf und steigt mit den Füßen wieder aus dem Reifen. Als nächste Spielerin steigt Catrin mit den Füßen in den Reifen und bewegt ihn nach oben über den Kopf hinaus.
So durchlaufen alle Reifen die Reihe, bis sie vor dem ersten Spieler liegen.

Wurfkreis

Mitspieler: 3 +

Ihr braucht dazu

- *drei Reifen*
- *einen Ball*

Drei Reifen liegen in einem Kreis nebeneinander. Innerhalb dieser drei Reifen springt ein Kind hin und her.
Die anderen Kinder stehen in einem größeren Kreis um die Reifen herum. Sie versuchen einen Ball in denselben Reifen zu werfen, in dem sich das Kind gerade aufhält. Dieses versucht durch Sprünge dem Ball zu entkommen. Berührt der Ball das Kind im Reifen, darf der Werfer aus dem Kreis in die Mitte gehen und mit dem Kind die Plätze tauschen.

Zehnerle schieben

In einer Reihe nebeneinander liegen fünf Reifen (ihr könnt auch mehr nehmen).
Eine Strecke, die doppelt so lang wie diese Reihe sein soll, muss von den Spielern gemeinsam mit den Reifen zurückgelegt werden. Ein Reifen wird immer wieder vor dem ersten angelegt und damit dem Ziel ein Stück näher gerückt. Marion beginnt und versucht ein 5-Cent-Stück in einen Reifen zu werfen.

Gelingt ihr das, nimmt sie diesen Reifen und legt ihn an die Spitze der Reihe. Sie selbst stellt sich in diesen Reifen und spielt beim nächsten Zug von diesem Reifen aus weiter.
So machen es alle Kinder der Reihe nach. Landet das 5-Cent-Stück in einem Reifen, in dem bereits ein Kind steht, muss es einen Reifen weiter nach vorne rücken.
Es kann passieren, dass dabei eine Kettenreaktion ausgelöst wird, denn in keinem Reifen dürfen zwei Spieler gleichzeitig stehen!
Rückt der Spieler also in einen bereits besetzten Reifen, schubst er den darin stehenden Spieler um einen Reifen weiter. Dieser macht es genauso.
Sind die Reifen fünf Plätze nach vorne gewandert, hat das Spiel sein Ende gefunden. Gewonnen hat nun das Kind im vordersten Reifen.

Mitspieler: 3 +

Ihr braucht dazu

- *fünf Reifen*
- *eine Münze*

Alle in einem

Mitspieler: 2 +

Ihr braucht dazu

- *Papier*
- *Stifte*
- *einen Tisch*

Die Kinder sollen aus einem Wort so viele neue Wörter wie möglich bilden. Es dürfen aber nur die Buchstaben je einmal verwendet werden, die in dem Wort vorkommen.

Außerdem sollte das Wort nicht zu lang sein, da sich sonst endlos viele Wörter finden lassen. Dazu kann ein Lexikon oder eine Zeitung aufgeschlagen und mit einem Stift auf ein Wort gestochen werden. Eigennamen gelten nicht.

Versuchen wir es einmal mit dem Wort „Zeitung“: Da finden wir „Ei“, „Zeit“, „Zunge“, „Geiz“ und noch einiges mehr. Wer die meisten gültigen Worte findet, gewinnt die Runde.

Galgenmännchen

Mitspieler: 2 +

Ihr braucht dazu

- *Papier*
- *Stifte*
- *einen Tisch*

Mareike denkt sich ein Wort aus, zum Beispiel „Luftballon“.
Sie schreibt auf ein Blatt: L _ _ _ _ _ _ _ _ _.
Ina soll die fehlenden Buchstaben erraten. „E“ sagt sie zuerst, denn dieser Buchstabe kommt ja sehr häufig vor. Statt einer Antwort fängt Mareike stumm und bedrohlich an, einen Galgen zu malen – denn es kommt kein „E“ in „Luftballon“ vor. Bei jedem falsch vorgeschlagenen Buchstaben wächst der Galgen um einen Strich. Richtig geratene Buchstaben werden an ihrem Platz eingesetzt. Falls es Ina nicht gelingt, das gesuchte Wort rechtzeitig zu erraten, „baumelt“ sie dann schließlich

am Strich für Strich entstandenen Galgen und hat somit das Spiel verloren – und denkt sich jetzt ein ganz schweres Wort für Mareike aus.

Lückenfüller

Mitspieler: 2 +

Ihr braucht dazu

- *Papier*
- *Stifte*
- *einen Tisch*

Ein beliebiges Wort wird vorgeschlagen, zum Beispiel „Eisenbahn". Dieses Wort wird nun zuerst von oben nach unten und dann in einem breiten Abstand von unten nach oben aufgeschrieben.
Jetzt sollen Hauptwörter in die Lücke geschrieben werden, und zwar unter Verwendung der bereits vorhandenen Anfangs- und Endbuchstaben.
Wer als Erster die Aufgabe gelöst hat, ruft „Halt!" oder „Fertig!" Dann müssen alle anderen sofort mit dem Schreiben aufhören.
Nun wird verglichen: Jedes Wort zählt einen Punkt.

Ein Wort, das kein anderes Kind auf seinem Zettel hat, zählt zwei Punkte.
Sieger ist, wer die meisten Punkte erreicht hat.

Opa plätschert lustig ...

Mitspieler: 2 +

Ihr braucht dazu

- *Papier*
- *Stifte*
- *einen Tisch*

Jedes Kind schreibt links an den Rand des Blattes (breite Seite nach oben) eine Person, zum Beispiel Opa, Mutti, Herr Schmitz, Monika ...
Dann faltet es das Blatt so, dass das Wort nicht mehr zu lesen ist, und gibt es an den linken Nachbarn weiter.
Der fügt nun ein Tätigkeitswort hinzu, plätschert, läuft, grinst und so weiter.
Dann wieder das Blatt so knicken, dass weder die Person noch das Tätigkeitswort zu lesen sind, und an den linken Nachbarn weitergeben.
Als nächstes folgt ein Adverb: lustig, schnell, böse, träumend ...
Zum Schluss folgt eine Ortsangabe wie „in der Badewanne", „auf dem Mond" oder „unter dem Bett" ...

Alle fertig?

Dann liest jeder nacheinander die kleine Geschichte vor, die sich auf seinem Blatt angesammelt hat.

Stadt, Land, Fluss ...

Mitspieler: 2 +

Ihr braucht dazu
- Papier
- Stifte
- einen Tisch

Jedes Kind hat ein Blatt mit der breiten Seite nach oben vor sich liegen. Oben schreibt es am Rand entlang nebeneinander die Abteilungen Stadt, Land, Fluss, Pflanze, Tier, Name und Punkte. Unter diese Abteilungen wird ein Querstrich und dazwischen jeweils ein Längsstrich gezeichnet, so dass eine Tabelle entsteht.
Johanna sagt nun „A“ und buchstabiert stumm weiter. Felix ruft irgendwann „Halt!“ und Johanna nennt den Buchstaben, bei dem sie unterbrochen wurde. Nehmen wir als Beispiel das „M“.
Alle Kinder schreiben nun so schnell wie möglich in jede Abteilung ein Wort, das mit „M“ beginnt, zum Beispiel München – Moldawien – Main – Moosröschen – Marienkäfer – Maria.
Das Kind, das zuerst fertig ist, ruft „Halt!“ Jetzt dürfen alle anderen nur noch das Wort zu Ende schreiben, das sie gerade angefangen haben.
Dann wird gewertet: Ein Wort, das mehrmals vorkommt, zählt 5, die anderen Worte 10 Punkte. Hat ein Kind in einer Abteilung als Einziges ein Wort gefunden, bekommt es 20 Punkte. Die Summe der Punkte aus jeder Runde wird in der Spalte Punkte“ notiert.
Dann buchstabiert das nächste Kind und das Spiel geht weiter. Wer am Ende die meisten Punkte hat, ist Sieger. Geübte Spieler können auch weitere Abteilungen hinzufügen, wie z. B. Filmstar, Sportart, Spielzeug usw.

Telegramm

Mitspieler: 2 +

Ihr braucht dazu

- *Papier*
- *Zeitung*
- *Schere*
- *Klebstoff*
- *einen Tisch*

Jedes Kind schneidet aus der Zeitung Wörter aus und klebt sie zu einem Telegrammtext zusammen. Dann schickt es sein Telegramm zu dem Kind, dem es seine Gedanken, egal ob witzig oder ernst, mitteilen will.

Verwandeln

Mitspieler: 2 +

Ihr braucht dazu

- *Papier*
- *Stifte*
- *einen Tisch*

(• eine Sanduhr)

Zwei Wörter mit gleich vielen Buchstaben werden ausgewählt. Jedes Kind schreibt das erste Wort oben auf sein Blatt, das andere unten hin. Durch Verändern von jeweils nur einem Buchstaben soll das oberste Wort in das untere verwandelt werden. Wer dazu die wenigsten Zwischenwörter benötigt, hat gewonnen. Dabei gelten nicht nur Hauptwörter.

Nehmen wir ein Beispiel: Oben steht „Ball“ und unten „Hund“. Katja schreibt: Ball – Wall – Wald – Wand – Hand – Hund.

Marlies schreibt: Ball – bald – Band – Bund – Hund und gewinnt, weil sie nur fünf Wörter brauchte.

Ihr könnt auch ohne ein bestimmtes Zielwort um die Wette verwandeln:
Ein möglichst einsilbiges Wort wird ausgewählt. In der Zeit, bis die Sanduhr abgelaufen ist, soll daraus eine möglichst lange Kette von Hauptwörtern entstehen, wobei jeweils nur ein Buchstabe des vorhergehenden Wortes vertauscht werden darf.
Aus dem Startwort „Bild“ macht Marco z. B.:
Bild – Wild – Wald – Wand – Hand – Land – Rand, während Lisas Wortkette heißt:
Bild – bald – Band – Hand – Hund – Mund.

Vornamen

Mitspieler: 2 +

Ihr braucht dazu

- *Kärtchen*
- *Papier*
- *Stifte*
- *einen Tisch*

Die Kinder schreiben auf Kärtchen Themen wie „Tiere“, „Haus“, „Schule“, „Sport“, „Autos“ usw. Die Kärtchen werden gemischt und verdeckt in die Mitte gelegt.
Dann zieht ein Kind ein Kärtchen und liest das Thema vor. Nun sollen alle so viele Wörter wie möglich zu diesem Thema finden.
Die Wörter müssen allerdings mit dem Anfangsbuchstaben des eigenen Vornamens beginnen!

Dreistein

Mitspieler: 2

Ihr braucht dazu

- *Kreide*
- *drei flache Steine*
- *glatten Boden*

Auf dem Boden (ebene, glatte Fläche) ist das Spielfeld von etwa drei Schritt Länge und einem Schritt Breite, durch je einen Kreidestrich abgegrenzt.

Die Steine sollen von der eigenen Grundlinie aus über die des Gegners hinaus rutschen. Philipp legt die drei Steinchen nebeneinander. Dann schiebt er mit der Fußspitze das erste und das zweite Steinchen in die Richtung des anderen Mals. Das dritte Steinchen muss zwischen den beiden anderen hindurchgeschossen werden. Dann muss jeweils das am weitesten zurückliegende Steinchen geschoben werden, und zwar immer zwischen den beiden anderen hindurch.

Philipp darf so lange weiterspielen, bis er mit einem Steinchen eines der anderen berührt. Dann ist sein Gegenspieler an der Reihe.

Ganz viele Tiere

Ein ganzer Steinzoo kann aus unterschiedlichen Steinen gebastelt werden.
Was gehört zu einem Steinzoo? Vielleicht ein Zebra: Der Körper wird aus abwechselnd weißen und schwarzen Steinen an deren breiten Seiten zusammengeklebt. Ein dunkler, länglicher Stein bildet mit zwei kleinen hellen Ohrensteinen den Kopf, vier gleich lange schmale Steine werden zu Beinen, ein länglicher Stein formt den Schwanz.
Oder ein Elefant: Ein großer, runder und ziemlich dicker Stein dient als Körper, ein kleinerer runder Stein als Kopf. Für den braucht man noch zwei flache Ohrensteine, einen länglichen, gebogenen Stein als Rüssel und vier als Beine.
Noch etwas schwieriger ist eine Giraffe: Dazu müssen vor allem eine ganze Menge dünner, länglicher Steine gesammelt werden für den langen Hals und die abstehenden Ohren!

Mitspieler: 1 +

Ihr braucht dazu

- *Steine*
- *Klebstoff*

Mittelstein

Mitspieler: 3 +

Ihr braucht dazu

- *einen Stein*
- *einen Stock*
- *Sand*

Corinna zeichnet mit einem Stock einen großen Kreis in den Sand. In die Mitte des Kreises legt sie einen Stein und schiebt ein wenig Sand über ihn. Raphael steht barfuß am Rand des Kreises und schließt die Augen.
Mit geschlossenen Augen geht er nun in den Kreis und bleibt an der Stelle stehen, von der er glaubt, dass dort der Stein liegt. Diese Stelle wird gekennzeichnet, und das nächste Kind kann sein Glück versuchen.

Steinschlag

Mitspieler: 3 +

Ihr braucht dazu

- *Steine*
- *einen Stock*

Die Kinder bauen einen Steinturm, nicht zu klein und so, dass er gut hält. Oben auf den Turm kommt ein etwa handgroßer, sehr flacher Stein. Auf diesen wiederum wird ein runder, faustgroßer Kiesel gelegt.
Nun kommt etwa zwei Meter vom Turm entfernt ein Stock auf den Boden, die Grenze, die nicht übertreten werden darf.
Jetzt gilt es, mit einem anderen Stein, den jeder für sich selbst aussuchen kann, mit einem Schlag den Kiesel vom Turm herunterzuwerfen.
Wer schafft das?

Steinsprung

Ein Kind nimmt einen Stein und wirft ihn so weit, dass es ihn mit einem einzigen Sprung erreichen kann. Es springt aus dem Stand. Wenn es seinen Stein erreicht hat, darf es noch einmal werfen und springen. Und wenn es auch beim zweiten Mal den Stein erreicht, darf es noch ein drittes Mal werfen und springen.

Wo das Kind landet, bleibt es auch stehen. Ob eines von den anderen Kindern weiter kommt?

Mitspieler: 2 +

Ihr braucht dazu

- *Steine*
- *eine Wiese oder einen Platz*

Mitspieler: 2 +

Ihr braucht dazu

- *Steine*
- *Stöckchen*
- *eine Wiese*
- *einen längeren Stock*

Steinwurf

Peter nimmt einen ganz großen Stein und legt ihn etwa drei Meter von sich entfernt auf den Boden. Dann bekommt jedes Kind einen kleinen, einen mittleren und einen größeren Stein und drei Stöckchen, von denen jedes ein Zeichen dieses Kindes trägt. Ein Stock kennzeichnet die Grenze, über die keiner hinwegtreten darf.
Franzi nimmt ihren kleinen Stein in beide Hände und versucht den ganz großen zu treffen.

Dasselbe tut sie mit dem mittleren Stein und als Letztes mit dem großen. Sie geht zu dem großen Stein und steckt dort, wo die Steine liegen, ihre Stöckchen in den Boden.
Wer am Ende die meisten Stöckchen direkt am großen Stein stecken hat, ist Sieger.

Steine versenken

Mitspieler: 2 +

Ihr braucht dazu

- runde Steine
- einen sandigen Platz

Ihr grabt im Abstand von jeweils einer Fußlänge fünf Löcher in einer Reihe hintereinander in den Boden. Oskar beginnt und stellt sich drei Schritte vom ersten Loch entfernt auf.
Er hat drei runde Steine zur Verfügung, die er nun nacheinander in Löcher werfen soll. Jeder Treffer ist ein Punkt. Danach versucht es Klaus mit seinen drei Steinen.
In der zweiten Runde beginnt dieser dann auch. Nun sollen die Steine in Löcher gerollt werden. Oskar ist nach ihm an der Reihe.
Die dritte und letzte Runde beginnt wieder Oskar. Er muss nun vor jedem Versuch sagen, in welches Loch er treffen möchte.
Haben alle Kinder ihre drei Runden absolviert, gewinnt das Kind mit dem besten Gesamtergebnis.

Augen auf!

Mitspieler: 2 +

Ihr braucht dazu

- ein Schmusetier
- einen Raum

Alle Kinder verlassen das Zimmer, nur Mutter bleibt und versteckt das Schmusetier.

Die Kinder kommen wieder in den Raum und suchen das Tier. Dabei wird nicht gesprochen. Wer fündig geworden ist, lässt sich das nicht anmerken, sondern setzt sich ganz still auf seinen Platz.
Sucht nur noch ein Kind, rufen alle anderen: „Mach doch mal die Augen auf!"

Bürsten

Mitspieler: 5 +

Ihr braucht dazu

- eine Bürste

Die Kinder bilden einen Kreis und halten die Hände auf dem Rücken. Eine Bürste wird heimlich von Hand zu Hand weitergereicht.
Paul steht im Kreis und soll herausfinden, wer die Bürste hat. Wenn er einem Kind, das die Bürste hat, den Rücken zuwendet, wird er ganz schnell einmal kurz gebürstet. Dann aber wieder weg mit der Bürste, sonst muss man am Ende noch selbst in den Kreis!

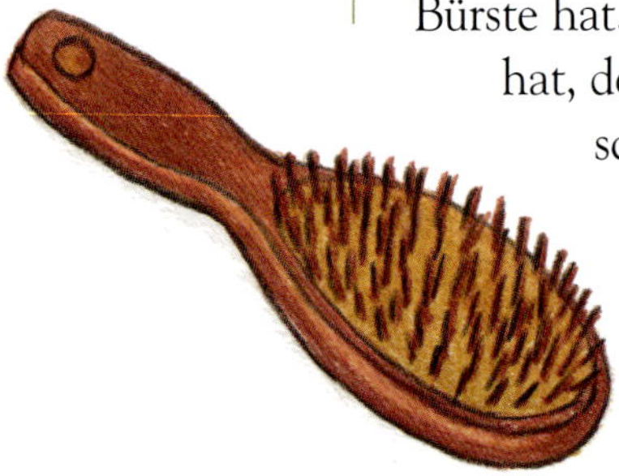

Mehlschneiden

Auf dem Tisch habt ihr ein Abdecktuch ausgebreitet; es wird nämlich gleich ziemlich stauben!
Auf dem Tisch steht ein flacher Teller voll mit Mehl, das wie ein Pfannkuchen verteilt ist.
Irgendwo im Mehl ist eine Bohne versteckt.
Inga beginnt und schneidet mit dem Messer vorsichtig ein kleines Stück aus dem „Mehlkuchen", der in insgesamt etwa acht Stücke geteilt werden soll.
Dann bläst sie vorsichtig auf ihr Stück und untersucht so, ob in diesem Stück die Bohne versteckt ist.
Wenn nicht, bekommt Karl, ihr linker Nachbar, das Messer und darf schneiden.
Wer die Bohne findet, bläst ganz stark, und zwar so, dass der Teller leer wird – und die Mitspieler reichlich Mehl abbekommen haben.

Mitspieler: 2 +

Ihr braucht dazu

- *Mehl auf einem Teller*
- *ein Messer*
- *eine Bohne oder einen Würfel*
- *einen Tisch*
- *ein Abdecktuch*

Heiß und kalt

Mitspieler: 2 +

Ihr braucht dazu

- *einen kleinen Ball*

Sara versteckt einen kleinen Ball, aber so, dass er bequem erreicht werden kann. Karin sucht. Kommt diese in die nächste Nähe des Verstecks, ruft Sara: „Heiß!"
Entfernt sie sich wieder, ruft Sara: „Kalt!"
Ist Karin sehr weit vom Bällchen entfernt, dann schreit Sara: „Eisig!"
Irgendwann wird durch diese Hilfen auch das schwierigste Versteck aufgestöbert!

Ich sehe was ...

Mitspieler: 2 +

Ihr braucht dazu

- *einen Raum*

Rolf sucht sich insgeheim einen Gegenstand im Zimmer aus, der erraten werden soll.
Dann sagt er zu Ingo: „Ich sehe was, was du nicht siehst, und das ist ...". An dieser Stelle fügt er einen Hinweis auf den gesuchten Gegenstand ein, zum Beispiel eine Farbe, den Stoff oder die Form.
Nennt Ingo den gesuchten Gegenstand, darf er sich einen neuen aussuchen. Findet er ihn nicht, ist das nächste Kind an der Reihe, bekommt aber von Rolf einen zusätzlichen Hinweis.
Findet es niemand heraus, darf der Erste – nachdem er verraten hat, was gesucht wurde – noch einmal einen Gegenstand auswählen.

Kuckucksei

Conny steht am „Anschlag“, einem Baum oder einer Hausecke, und zählt bis 10, während sich die anderen verstecken.
Dann geht er auf die Suche. Hat er einen Mitspieler gesehen und erkannt, ruft er: „Eins, zwei, drei, Kuckucksei: Annette!“ und saust zum Anschlag. Damit scheidet Annette aus. Sie kann aber versuchen, schneller als Conny am Anschlag zu sein und sich dort durch drei Schläge und den Ruf „Eins, zwei, drei, Kuckuck frei!“ zu retten.
Alle Kinder müssen versuchen, unentdeckt von Conny an den Anschlag zu kommen und sich so zu retten.
Das letzte unentdeckte Kind wird danach zum Sucher.

Mitspieler: 3 +

Ihr braucht dazu
- *einen Platz und eine Hausecke*
- *oder eine Wiese und einen Baum*

Laut und leise

Mitspieler: 2 +

Ihr braucht dazu

- *ein Musikinstrument*
- *einen Raum*

Gerd ist vor die Tür geschickt worden. Sabine versteckt einen Gegenstand.
Als Gerd wieder in den Raum kommt, begleitet ihn Musik bei der Suche.
Anja, die Musikantin, spielt auf der Mundharmonika, dem Klavier, der Flöte, der Gitarre oder einem anderen Instrument. Spielt sie leise, ist der gesuchte Gegenstand weit weg, spielt sie lauter, kommt Gerd ihm näher. So wird er bald fündig werden!

Wenn von den Kindern keines ein Instrument spielen kann, dann dürfen alle zusammen summen, mal lauter, mal leiser, je nachdem, wohin sich Gerd wendet.

Pfeifchen

Alle Kinder sitzen im Kreis. Paul, unser Suchender, steht in der Mitte; er kennt das Spiel nicht.
Ellen erklärt ihm, er solle gleich ein im Kreis herumwanderndes Pfeifchen suchen, er müsse nur auf die Pfiffe achten und herausfinden, aus welcher Richtung sie kämen.

Derweil befestigt Ina das kurze Trillerpfeifchen höchst behutsam mit einer Sicherheitsnadel an Pauls Rücken – ohne ihn zu piksen und ohne dass er es merkt!
Das Spiel beginnt, der Pfiff ertönt:
Paul dreht sich blitzschnell um, um den Pfeifer zu finden – da pfeift es schon wieder hinter ihm. Die Kinder, die in die Pfeife blasen, müssen sie natürlich immer ganz schnell wieder loslassen!
Aber trotzdem wird es wohl nicht lange dauern, bis Paul die Pfeife entdeckt!

Mitspieler: 6 +

Ihr braucht dazu

- *eine Trillerpfeife*

Steinchen

Mitspieler: 5 +

Ihr braucht dazu

- *einen Stein*

Die Kinder stellen sich nebeneinander in einer Reihe auf und strecken ihre Hände mit aneinander gelegten Handflächen vor.
Karin steht vor der Reihe und hält zwischen ihren ebenfalls zusammengelegten Händen ein Steinchen.
Sie legt nun ihre Hände der Reihe nach über die vorgestreckten Hände der anderen Kinder und lässt dabei vorsichtig und unauffällig irgendwo ihr Steinchen hineingleiten.
Jochen ist der Sucher und darf dabei zusehen. Er passt gut auf, denn er muss danach erraten, in welchen Händen der Stein nun steckt.

Wecker

Iris hat die anderen Kinder vor die Tür geschickt und einen Wecker oder eine andere tickende Uhr versteckt.
Sie ruft die Kinder wieder herein und fordert sie auf, die Uhr nun um die Wette zu suchen. Die Kinder sollten von Zeit zu Zeit ganz still sein, um das Ticken des Weckers auch zu hören!
Wer die Uhr findet, darf sie erneut verstecken.

Um das Spiel noch etwas spannender zu gestalten, könnt ihr die Suche auch auf eine bestimmte Zeitdauer begrenzen. Wird der Wecker nicht in der vorgegebenen Zeit gefunden, darf dasselbe Kind ihn nochmal verstecken.

Mitspieler: 2 +

Ihr braucht dazu

- einen Wecker
- einen Raum

Bockspringen

Mitspieler: 5 +

Ihr braucht dazu

- *ein Schwimmbecken oder einen See*

Bockspringen an Land ist anstrengend. Im Wasser ist das halb so schlimm.
Für Nichtschwimmer wählen wir eine Stelle im knietiefen Wasser. Bei Schwimmern können wir auch tiefer gehen.
Von dort bis zum Flachwasser stellen sich die Kinder als Böcke auf, in einer Reihe, im Kreis oder im Viereck.
Es geht dabei nicht um die Wette. Jeder, der eine Runde gesprungen ist, reiht sich wieder ein.
Natürlich ist es nicht zu vermeiden, dass ein Bock mal unter Wasser gedrückt wird (ehrlich gesagt: das wollten wir ja gerade)!

Die Mitte treffen

Mitspieler: 5 +

Ihr braucht dazu

- *einen Stein*
- *einen See oder den Strand*

Arno wirft einen Stein ins Wasser. Das kann ruhig trüb sein. Sigi läuft los und stellt sich dahin, wo sie den Stein vermutet. Dann geht Karen los und so weiter.
Sind alle Kinder im Wasser, gehen sie in die Hocke und fühlen mit den Händen, wo sich der Stein befindet. Wer hat die Mitte getroffen?

Doppelfisch

Zwei Spieler halten sich bei den Händen und versuchen die anderen Spieler abzuschlagen. Dabei kann gelaufen, gepaddelt, geschwommen oder gesprungen werden. Hauptsache, der „Doppelfisch“ ist immer mit den Händen verbunden.
Berührt der Fisch ein anderes Kind, so wird derjenige, der getroffen hat, frei. Der Getroffene muss daraufhin mit der anderen „Hälfte“ einen neuen Doppelfisch bilden.

Mitspieler: 4 +

Ihr braucht dazu

- *ein Schwimmbecken oder einen See*

Entenjagd

Victor ist die Ente und hat sich ein Tuch hinten in die Badehose gesteckt. Alle anderen Kinder machen Jagd auf ihn. Wenn die Ente untertaucht, ist sie in Sicherheit. Wer der Ente das Tuch entreißt, wird die neue Ente.

Mitspieler: 4 +

Ihr braucht dazu

- *ein Tuch*
- *ein Schwimmbecken oder einen See*

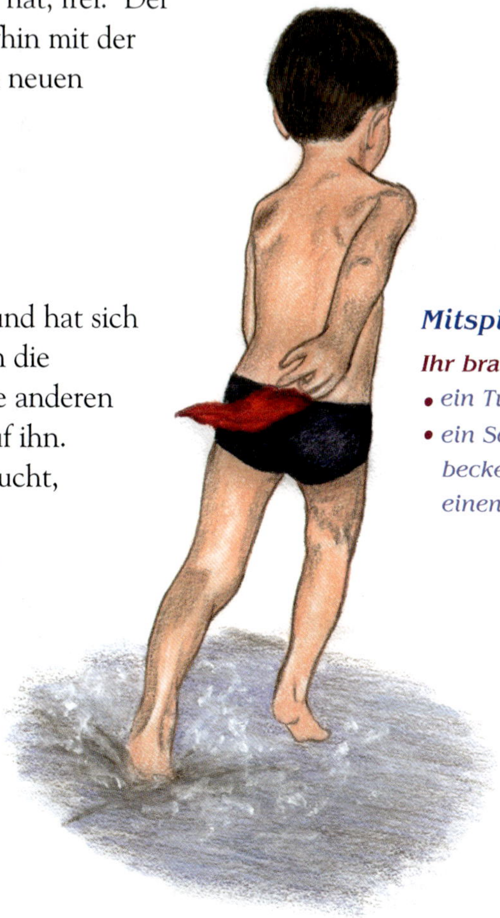

Haltet die Fahne fest!

Mitspieler: 2 +

Ihr braucht dazu

- einen Strand oder ein sandiges Seeufer
- einen Stock
- ein Stück Stoff
- einen Löffel

Die Kinder häufen mit nassem Sand einen kleinen Berg auf und klopfen ihn fest. Dann stecken sie ein Stöckchen mit einer Fahne auf die Spitze.
Nun beginnen sie der Reihe nach mit dem Löffel etwas von dem Berg abzutragen. Dabei müssen sie aufpassen, dass die Fahne nicht umfällt.
Das Kind, das beim Graben die Fahne zum Umfallen bringt, muss den neuen Berg für die nächste Runde aufhäufen.

Krebsen

Krebse können bekanntlich rückwärts schwimmen; wir aber auch.
In gestreckter Rückenlage bewegen wir unsere Hände wie zwei Flossen, indem wir das Wasser nur mit den Handflächen kräftig nach hinten schaufeln. Die Füße ragen aus dem Wasser. Das Kinn wird an die Brust genommen. In der Hüfte können wir ein wenig abknicken, aber nicht so viel, dass es aussieht, als säßen wir in einer Sitzbadewanne!
Alles klar? Dann kann jetzt das Krebsen beginnen! Die Strecke sollte jedoch nicht zu weit sein, Krebse ermüden schnell!

Mitspieler: 2 +

Ihr braucht dazu

- *nur Wasser*

Lauft weg!

Mitten im Wasser stehen die Kinder in einem Kreis mit Blick zur Mitte. Ein Kind läuft außen um den Kreis herum und tippt einen beliebigen Spieler an. Nach dem Ruf „Komm mit!" läuft dieser dem Aufrufer eine Runde um den Kreis herum hinterher, bis zu seinem Platz.
Schafft er das, muss der Aufrufer es bei einem anderen Kind versuchen.
Wird er jedoch vorher eingeholt, ruft er „Lauft weg!", denn nun ist die Jagd auf alle anderen Kinder eröffnet.

Mitspieler: 11 +

Ihr braucht dazu

- *nur Wasser*

Matschkaiser

Mitspieler: 6 +

Ihr braucht dazu

- *Wasser*
- *Sand*
- *einen Eimer*

Jeweils drei Kinder stellen sich zusammen. Zwei Kinder halten sich gegenseitig am Handgelenk fest. So entsteht eine Trage für den Matschkaiser. Das dritte Kind ist der Matschkaiser. Es füllt einen Eimer mit Matsch und setzt sich auf die „Trage". Die Kinder sollen nun auf ein gemeinsames Zeichen eine vorher vereinbarte Strecke von etwa 20 Schritten entlanglaufen. Dort wechselt die Rolle: Eines der anderen beiden Kinder darf sich nun als Matschkaiser zurücktragen lassen. Dann darf das dritte Kind Matschkaiser sein. Vorher jedoch darf das Siegertrio die Verlierer mit Matsch überhäufen. Ist nicht weiter schlimm – im Wasser ist alles schnell wieder abgespült!

Matschstaffel zu Fuß

Mitspieler: 4 +

Ihr braucht dazu

- *Wasser*
- *Sand*
- *einen Eimer*
- *pro Kind einen Becher*

Alle Kinder sitzen nebeneinander in einer Reihe. Jedes Kind hält einen Becher zwischen den Füßen fest. Neben dem letzten Kind der Reihe steht der leere Eimer. Das erste Kind in der Reihe füllt seinen Becher mit Matsch und nimmt ihn zwischen die Füße. Es muss

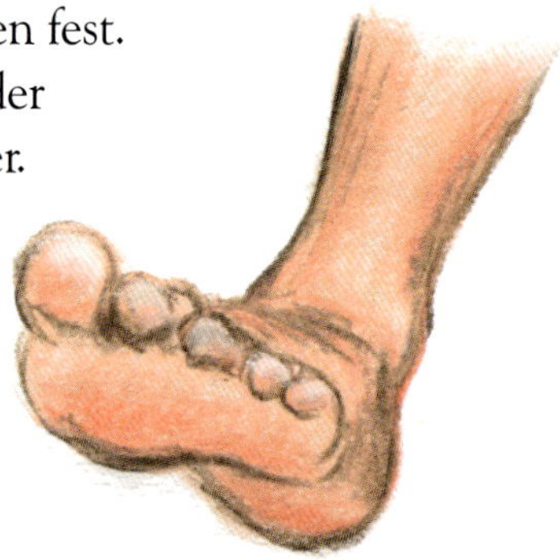

nun versuchen, den Matsch mit den Füßen in den Becher seines Nachbarn zu gießen.
Dieses Kind füllt den Matsch in den Becher des nächsten und so weiter. Das letzte Kind schüttet den restlichen Matsch in den neben ihm stehenden leeren Eimer. Wenn der Eimer voll ist, lässt sich mit dem Matsch eine Burg bauen.

Meersuppe

Mitspieler: 4 +

Ihr braucht dazu

- Wasser
- Sand
- zwei Eimer

Die Kinder teilen sich in zwei Gruppen auf. Jede Gruppe bildet eine Reihe, die im Wasser beginnt und am Ufer oder Strand endet. Am Ende der jeweiligen Reihe steht ein Eimer, der mit Matsch gefüllt werden soll.
Auf ein Zeichen beginnen die Kinder den Matsch mit den Händen weiterzugeben.
Der Matsch wird mit den Händen aus dem Meeres- oder Bachboden herausgeschaufelt und dem nächsten Kind weitergereicht.
Das letzte Kind darf dann den Matsch in den Eimer werfen.
Gewonnen hat die Gruppe, die auf diese Weise zuerst ihren Eimer gefüllt hat.

Pudelnass

Mitspieler: 8 +

Ihr braucht dazu

- *einen Bach*
- *ein Tau*

Die Kinder stehen in Reihen auf beiden Seiten eines Baches. Sie packen ein Tau und ziehen nach Leibeskräften.

Fällt das vordere Kind einer Reihe ins Wasser, hat die andere Mannschaft die erste Runde gewonnen. Das nasse Kind darf sich nun in seiner Mannschaft an das Seilende stellen. Welche Mannschaft ist als Erste pudelnass?

Ringkreis

Mitspieler: 4 +

Ihr braucht dazu

- *Wasser*
- *ein Seil*
- *lange Stöcke*

Gesucht wird der stärkste Schwimmer. Das „Spielfeld“ im Wasser wird durch Markierungen begrenzt, lange Stöcke, die in den Grund gesteckt werden. In der Mitte dieses Feldes fassen in gleichmäßigen Abständen vier oder mehr Kinder ein zu einem Ring verknotetes Seil. Auf Kommando versucht nun jedes Kind in die Richtung eines Stockes zu

schwimmen und den Kreis mitzuziehen. Wer dem Stab in seinem Bereich am nächsten kommt, ist Sieger.
Übrigens: Mit Schwimmflossen geht es besser!

Robbenjäger

Mitspieler: 5 +

Ihr braucht dazu

- Wasser
- Sand

Ein Kind wird zum Jäger bestimmt und steht 25 Schritte vom Wasser entfernt.
Die anderen sind die Robben und legen sich fünf Schritte vom Ufer entfernt in den Sand.
Sie müssen versuchen, das rettende Wasser zu erreichen, bevor sie durch Abschlagen erlegt werden.
Dabei dürfen sie nur mit den vor der Brust verschränkten Armen „robben".
Dabei genügt es, wenn sie das Wasser mit einer Hand berühren.
Wer vom Jäger abgeschlagen wird, hilft ihm beim nächsten Durchgang. Die letzte Robbe wird dann wieder zum Jäger.

Sandrolle

Mitspieler: 6 +

Ihr braucht dazu

- *Wasser*
- *Sand*

Die Kinder legen sich in einer Reihe auf dem Bauch in den Sand und strecken die Hände nach vorne aus. Das letzte Kind beginnt und rollt sich über die Rücken der anderen.
Wenn es etwas wilder zugehen darf, können die Kinder auch von beiden Seiten anfangen zu rollen. Einzige Regel ist, dass die Kinder an beiden Enden der Reihe entscheiden können, wann sie starten. Nasser wird es, wenn die Rollerei in Richtung Wasser geht!

Schildkröten

Mitspieler: 4 +

Ihr braucht dazu

- *Wasser*
- *Sand*
- *eine Badekappe*

Ein Kind ist der Schildkrötenfänger. Es hat eine Badekappe auf und steht am Ufer. Die anderen Kinder halten sich ungefähr in zehn Schritt Abstand vom Wasser am Ufer auf.
Sie sind frisch geschlüpfte Wasserschildkröten, die ihrem Instinkt folgend ins Wasser wollen. Dazu kriechen sie wie die Schildkröten auf allen Vieren über das schlammige Ufer.
Auf dem Weg zum Wasser kommt ihnen allerdings der Schildkrötenfänger in die Quere. Er versucht möglichst viele Schildkröten zu fangen, bevor sie das rettende Wasser erreicht haben.
Gefangene Schildkröten bleiben einfach an Ort und Stelle liegen und beobachten so das Gerangel der anderen.

Haben die Schildkröten auch nur einen Finger in das Wasser gehalten, sind sie gerettet und können nicht mehr gefangen werden.
In der nächsten Runde wird ein anderes Kind Schildkrötenfänger.

Schwarzer Mann im Wasser

Mitspieler: 3 +

Ihr braucht dazu

- *nur Wasser*

Das bekannte „Wer fürchtet sich vorm schwarzen Mann?" lässt sich auch im Wasser gut spielen.
Auf der einen Seite steht der Fänger, auf der anderen Seite stehen die Spieler. Sie versuchen die andere Seite der Spielfläche zu erreichen, ohne abgeschlagen zu werden.
Wer abgeschlagen wird, muss beim Seitenwechsel dem Fänger helfen.
Das Spiel ist aus, wenn der Fänger alle Spieler abgeschlagen hat.
Varianten: Alle Spieler (außer dem Fänger) dürfen tauchen, es darf nur eine bestimmte Schwimmart angewendet werden, Kinder dürfen Fänger vollspritzen (ohne ihn zu berühren).

Seepferdchen

Mitspieler: 4 +

Ihr braucht dazu

- *nur Wasser*

Die Kinder bilden Paare, wobei sich immer ein größeres Kind ein kleineres als Reiter aussucht.
Die kühnen Reiter besteigen ihre See-

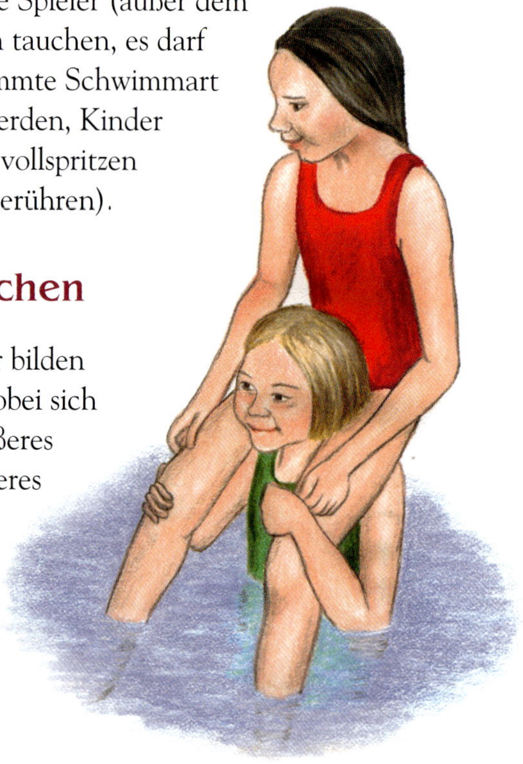

pferdchen und liefern sich eine gewaltige Seeschlacht, wobei sie sich gegenseitig ins Wasser zu stoßen versuchen.

Seeschlange

In diesem Spiel bilden die Kinder eine lange Reihe; jedes hat den Vordermann fest um den Leib gefasst. Katarina ist der Kopf des Ungeheuers und versucht seinen Schwanz – das Ende der Reihe – zu packen. Der aber weicht aus.
In unzähligen Windungen schwänzelt das Hinterteil durchs Wasser, um sich nicht fangen zu lassen. Passiert das doch, haben wir einen neuen Schlangenkopf.

Mitspieler: 6 +

Ihr braucht dazu

- *nur Wasser*

Staffelschwimmen

Die Schwimmer stehen in Staffelreihen am Ufer.
Die ersten Kinder jeder Mannschaft starten, schwimmen bis zu einem Pfahl oder dem anderen Ufer und zurück. Dann legt das jeweils nächste Kind los.
Sind alle wieder wohlbehalten angekommen, hat die Staffel gewonnen, die als Erste da ist.
Schwerer wird es, wenn die Schwimmer etwas transportieren müssen, die Hände oder die Füße zusammengebunden haben.

Mitspieler: 6 +

Ihr braucht dazu

- *einen See*

Treibholz

Mitspieler: 4 +

Ihr braucht dazu

- *nur Wasser*

Ein Fänger versucht die anderen Kinder über oder unter Wasser abzuschlagen.
Alle Fortbewegungsarten sind erlaubt (gehen, paddeln, schwimmen, hüpfen).
Befürchtet ein Kind, gleich gefangen zu werden, kann es sich vor dem Abschlag dadurch retten, dass es schnellstens „Treibholz" spielt: Es legt sich auf den Rücken, Kopf und Zehen müssen sichtbar sein und die Hände dürfen nur leicht fächern.
Treibholz darf nicht gesammelt werden.
Der Fänger darf sein Opfer auch nicht belauern, sondern muss sich sofort einem anderen Spieler zuwenden.

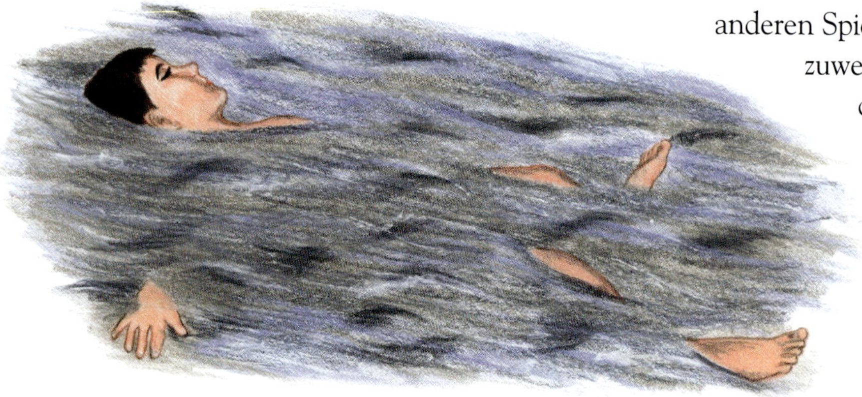

Trockenhalten

Mitspieler: 2 +

Ihr braucht dazu

- *Wasser*
- *Becher*

Jedes Kind füllt einen Becher mit Wasser und stellt ihn vor sich auf den Boden.
Auf Kommando schnappen sich die Kinder die Becher, steigen vorsichtig ins Wasser, schwimmen

eine bestimmte Strecke und halten dabei den Becher mit einer Hand über Wasser.
Wenn alle wieder zurück sind, hat das Kind gewonnen, das mit dem vollsten Becher am schnellsten zurückgekehrt ist.

Wasserbrücke

Mitspieler: 2 +

Ihr braucht dazu

- einen Bach
- Bretter
- Steine
- Stöcke
- Schnur

Die Kinder bauen mit den Brettern und den Steinen eine kleine Brücke.
Erst werden die Brückenpfeiler in das Wasser gesetzt: Das sind große, schwere Steine, die über die Oberfläche des Wassers ragen.
Danach legen die Kinder vorsichtig die Bretter auf die Steine. Sie können jetzt schon versuchen, auf diesem wackligen Steg von einer Seite des Bachs auf die andere zu kommen.
Geländer erwünscht? Vier lange und dicke Stöcke werden auf jeder Seite der beiden Enden der Brücke mit einem Stein tief in die Erde geklopft und zwei Stöcke über das Wasser hinweg mit einer Schnur verbunden.
Zur Unterstützung der Balance können die Kinder in jede Hand einen weiteren Stock nehmen und sich damit abstützen, wenn sie über den Steg gehen.
Die Stöcke müssen der Größe der Kinder entsprechen und sollten mindestens vom Bachboden bis zu den angewinkelten Ellbogen reichen.

Wasserbombe

Mitspieler: 2 +

Ihr braucht dazu

- *Wasser*
- *einen Steg*

Steht ein Steg zur Verfügung, der ins tiefe Wasser hineinführt, könnt ihr euch als lebende Bomben ins kühle Nass schießen lassen. Ferdi liegt auf dem Rücken, die Beine angezogen. Ein Kind nach dem anderen setzt sich auf seine Füße und wird mit plötzlichem Schwung ins Wasser geschossen.

Wasserkanal

Mitspieler: 2 +

Ihr braucht dazu

- *Wasser*
- *schwimmende Gegenstände*
- *eine Folie*

Die Kinder heben einen Graben aus, der mindestens zehn Schritte lang sein oder im Kreis verlaufen sollte. Dieser Kanal wird mit der Plastikfolie ausgelegt und mit Wasser gefüllt. Die Kinder können nun mit dem Kanal und ihren schwimmenden Gegenständen spielen und ausprobieren, was man damit alles machen kann. Sie können auch ein Kanalwettrennen veranstalten: Dazu sucht sich jedes Kind ein schwimmendes Spielzeug aus und setzt es ins Wasser. Auf ein Zeichen bewegen alle Kinder das Wasser mit den Händen in dieselbe Richtung.

Wassermaus

Im brusttiefen Wasser spielen die Kinder „Katz' und Maus": Die Kinder bilden einen Kreis, in dem sie sich an den Händen halten. Katze und Maus müssen immer wieder unter den Armen durchtauchen, in den Kreis, aus dem Kreis. Wird sich die Maus vor der Katze retten können?

Mitspieler: 6 +

Ihr braucht dazu

- *nur Wasser*

Zielsteine

Große mit dünnflüssigem Matsch gefüllte Konservendosen werden auf den Boden gestellt. Um sie herum wird Erde oder Sand aufgeschüttet, damit sie fest stehen. Vor jede Dose werden fünf Kieselsteine gelegt.
Ein Stock markiert die Linie, von der aus die Kinder der Reihe nach versuchen, ihren Stein in eine der Dosen zu werfen.
Wer trifft, darf sich einen davor liegenden Kieselstein nehmen. Liegt vor einer Dose kein Kieselstein mehr, kann auch keiner mehr verteilt werden.
Wer am Schluss die meisten Kieselsteine besitzt, ist Sieger.

Mitspieler: 2 +

Ihr braucht dazu

- *Wasser*
- *Sand*
- *Dosen*
- *Steine*
- *einen Stock*

Genehmigte Lizenzausgabe
EDITION XXL GmbH
Fränkisch-Crumbach 2004
www.edition-xxl.de

Text: Hajo Bücken
Illustrationen: Eva-Maria Arnold
Gestaltung und Satz: Melitta Meisner, Rico Cofani

ISBN 3-89736-600-2